Mut zur Unterbrechung

Mut zur Unterbrechung

Schabbat und Sonntag als Hilfe zur Entschleunigung

von
Peter Hirschberg

EEB Hochfranken e.V.
Evangelische Erwachsenenbildung
Dekanate Selb / Wunsiedel
Von-der-Tann-Str. 4
95100 Selb

Peter Hirschberg
Mut zur Unterbrechung
Schabbat und Sonntag als Hilfe zur Entschleunigung

Titelgestaltung, Satz und Druckvorstufe:
Michael Schlierbach, schriftbildwort.de
Textschrift: Chaparral Pro von Carol Twombly,
Überschriften: Cronos MM von Robert Slimbach
Titel-Foto:
© Mikhail Nekrasov, 2011 Benutzung unter Lizenz von Shutterstock.com
Druck:
cpi-buchbücher.de GmbH, Birkach

© 2012, mabase-verlag,
Kirchfarrnbacher Str. 6, 90449 Nürnberg
ISBN 978-3-939171-30-0

Inhaltsverzeichnis

Vorwort

„Endlich einmal aussteigen! Das wäre eine Wohltat! Das könnte vielleicht helfen, wenn mir wieder einmal der Atem ausgeht und ich zu nichts mehr recht Lust habe." Wem kamen solche Gedanken nicht schon in den Sinn? Doch wer hat dann nicht auch sehr schnell gemerkt, dass es viel Kraft und Mut kostet, sich eine solche Auszeit auch wirklich zu gönnen. In Wirtschaft und Gesellschaft zählen Effizienz, Professionalität und Schnelligkeit, so dass man für Aussteiger normalerweise nur wenig übrig hat. Wer sich also nicht gezielt unbeliebt machen will, geschweige denn riskieren will, seinen Job zu verlieren, der lässt es lieber beim Träumen. Doch selbst, wenn wir könnten: Ich vermute, dass viele ihr Selbstwertgefühl bereits so sehr von Leistung, Erfolgen und reibungslosem Funktionieren abhängig gemacht haben, dass für sie eine Auszeit sowieso nicht in Frage käme. Eine solche Unterbrechung erschiene ihnen wie eine persönliche Niederlage. Freilich: Wenn wir immer so weiter machen, dann ist die Wahrscheinlichkeit groß, dass wir wie der Hamster nur noch im Rad drehen und uns zunehmend die Lust am Leben vergeht.

Aber vielleicht braucht es ja nicht immer gleich eine längere Auszeit. Vielleicht könnte schon der bewusst gefeierte Sonntag – auch wenn es nur ein Tag ist – helfen, neue und heilsame

Lebensperspektiven zu entwickeln. Ein jüdischer Freund hat mir einmal gesagt: Ich brauche keinen Urlaub, ich habe ja meinen Schabbat. Nun möchte ich zwar ungern auf meinen Urlaub verzichten, dennoch hat mich dieser Satz nachdenklich gemacht. Vielleicht wäre mit einer eintägigen Auszeit tatsächlich schon viel gewonnen. Das jedenfalls ist die These dieses Buches, das vor dem Hintergrund jüdischer Schabbatfrömmigkeit eine heilsame Sonntagsspiritualität entwickeln und so insgesamt zu einem entschleunigten und achtsamen Lebensstil beitragen will.

Es gibt heute viele gemeinsame Aktionen von Kirchen, Gewerkschaften und Parteien („Allianz für den freien Sonntag"), die den Sonntag durch entschiedenes gemeinsames Handeln davor schützen wollen, auf dem Altar unseres Turbokapitalismus geopfert zu werden. Doch so wichtig solche Aktionen auch sind, auf Dauer macht alles gesellschaftliche und politische Engagement für den freien Sonntag nur Sinn, wenn es uns gelingen wird, eine Sonntagskultur zu entwickeln, die so attraktiv ist, dass Menschen auch wirklich Lust bekommen, den Sonntag bewusst zu begehen. Was nützen alle Aktionen, wenn die meisten Menschen am Sonntag am liebsten Shoppen gehen, weil sie vergessen haben, dass es noch ein schönes und lebenswertes Leben außerhalb unserer modernen Konsumtempel gibt?

Besonders danken möchte ich Angelika Ziegler für die kritische Lektüre und so manchen guten Hinweis, und Michael Schlierbach, der mit viel Liebe und Geduld den Satz gefertigt hat.

Bayreuth, Dezember 2011

Immer schneller, immer mehr ...

Schabbat in Jerusalem   Es ist Samstagmorgen. Ich steige
ins Auto, um von unserer Wohnung, die auf dem Ölberg liegt,
in den westlichen Teil der Stadt zu fahren. Die Straße führt
hinunter ins Kidrontal, erklimmt auf der anderen Seite eine
steile Anhöhe und schlängelt sich an der nördlichen Altstadt-
mauer entlang. Linker Hand liegt das Damaskustor, und wie
immer herrscht dort turbulentes Verkehrschaos. Es ist einer
der wenigen Punkte, wo man im heutigen Jerusalem den
Orient noch in all seiner chaotischen und turbulenten Pracht
erleben kann. Nerven aufreibendes Hupen. Ein Taxi, das sich
schnell noch von außen in den Verkehrsfluss drängelt. Einige
Palästinenserinnen, die sich mit schweren Einkaufsbeuteln
einen Weg durch die von Autos verstopften Straßen bahnen.
Schreien, Rufen und Drängeln von allen Seiten. Tagein, tag-
aus dasselbe: Hektik und Betriebsamkeit, unaufhörliche
Bewegung. Ein Treiben, das nie wirklich unterbrochen wird.
Selbst der Freitag, der islamische Feiertag, bildet kaum eine
Ausnahme. Zwar herrscht dann im arabischen Teil Jerusalems
eine gehobene Stimmung – viele schalten einen Gang zurück,
arbeiten weniger oder gar nicht –, aber im Prinzip ist der
islamische Feiertag der Tag der Versammlung, nicht der Tag
der Ruhe.

Ich fahre weiter, bis ich in den jüdischen Teil Jerusalems komme. Der Verkehr nimmt merklich ab. Es wird ruhiger. Auf den Straßen tummeln sich viele Menschen in festlichen Kleidern, und auch auf mich greift langsam ein wenig Feiertagsstimmung über. Fast bekomme ich ein schlechtes Gewissen, wie ich da mit meinem Auto durch das schabbatliche Jerusalem fahre. Natürlich, ich bin nicht der einzige. Auch in Jerusalem, der religiösesten Stadt Israels, gibt es noch genug säkulare Israelis, die sich bei einer Autofahrt am Schabbat nichts denken. Dennoch empfinde ich es wie einen Verrat, wie die Verletzung von etwas Heiligem. Manchmal verdränge ich diesen Gedanken, fahre mit meinem lauten Zivilisationsungeheuer einfach weiter. Schließlich verlangt von mir als Christ auch niemand, dass ich die Schabbatgebote halte. Heute jedoch will ich es anders machen. Ich beschließe, mein Auto stehen zu lassen und zu Fuß weiterzugehen. So schlendere ich durch die Straßen Jerusalems und versuche, möglichst viel vom „Wohlgeruch" des Schabbat in mich aufzunehmen. Ich genieße die Ruhe und betrachte die vielen jüdischen Familien, die gerade aus der Synagoge kommen. Es ist ein recht orthodoxer Stadtteil, in dem ich gelandet bin. Erst gestern ging ich hier in der Nähe einkaufen. Im Vergleich dazu wirken die Straßen heute wie leergefegt. Auch die Geschäfte sind bis auf einen kleinen Kiosk am Rand geschlossen.

Dieser kleine Spaziergang hat zur Folge, dass die innere Hektik langsam von mir abfällt. Sogar die Vögel höre ich singen, weil deren Gezwitscher ausnahmsweise nicht durch den Verkehrslärm erstickt wird. Ich komme mir vor, als ob ich von jetzt auf nachher in einer anderen Welt gelandet wäre. In einer Welt, aus der mir zumindest ein Hauch von Heilsein und Erlösung entgegenkommt. Der Unterschied zu meinen Eindrücken am Damaskustor macht mich nachdenklich. Dort das ununterbrochene Leben in all seiner Turbulenz und Ruhelosigkeit, hier das bewusst unterbrochene Leben: Raum zur Stille, Raum zur Nachdenklichkeit. Vielleicht ist gerade dies das innerste Geheimnis des Schabbat: der Mut zur Unterbrechung. Ein Mut, der all dem Raum gibt, was unser Leben von innen her wieder heilen kann. Nicht unser dauerndes Rennen und Jagen macht uns selig. Es ist oft genug nur Ausdruck unserer inneren Ruhelosigkeit und unserer unerfüllten Sehnsüchte. Was wir brauchen, ist ein freigehaltener Raum: für das Göttliche, für die Transzendenz, für den Sinn. Ohne einen solchen gehen wir in der Sinnlosigkeit unseres dauernden Getriebenseins unter. Der ewige Kreislauf, das ununterbrochene Rennen und Jagen sind Heidentum: besinnungsloses Leben, Leben unter Zwang, Leben als Getriebensein. Die Unterbrechung, das Innehalten sind Zeichen dafür, dass der heilige und heilende Gott selbst sich aufgemacht hat, um uns von unserem Dahinleben zu befreien. Der Schabbat ist das Fest der Freiheit. Ein Tag, den Gott seinem Volk Israel gegeben hat, um es durch die Kraft des Glaubens von all den Zwängen zu befreien, die unser Leben im Alltag aufs Funktionieren reduzieren.

Seitdem ich mich mit dem Judentum beschäftige, begeistert mich der Schabbat. Ich sehe in ihm ein wichtiges Heilmittel, um die schlimmsten Krankheiten unseres menschlichen Lebens zu heilen oder zumindest zu lindern. Krankheiten, die es in Ansätzen zwar immer schon gab, die aber in unserer Zeit ein nie zuvor gekanntes Ausmaß erreicht haben.

Der Fluch der Beschleunigung Eine der fürchterlichsten Krankheiten unserer Zeit ist die immerwährende Beschleunigung. Alles muss schneller gehen, und alles geht auch immer schneller. Das erleben wir im Alltag, wo es als Kennzeichen von Effizienz und Professionalität gilt, möglichst viel in möglichst wenig Zeit zu erledigen. Das erleben wir im Bereich der gesellschaftlichen Entwicklungen, die in einem atemberaubenden Tempo vor sich gehen. Früher dauerte es Generationen, bis sich Veränderungen durchgesetzt haben. Heute ereignen sich in nur einer Generation schon zahlreiche Brüche. Längst haben die prägenden Faktoren der eigenen Kindheit nicht mehr viel mit dem zu tun, was unsere Kinder beeinflusst und bestimmt. Dornröschen konnte beruhigt 100 Jahre schlafen. Sie hat in dieser langen Zeit nicht allzu viel verpasst und nach dem erlösenden Kuss sich wieder schnell ins Leben hineingefunden. Heute würde schon ein nur zehn- bis zwanzigjähriger Dornröschenschlaf eine erneute Integration in unsere Gesellschaft äußerst schwierig machen. Zu schnell folgt ein Modernisierungsschub auf den nächsten. Es ist ein durchaus interessantes Experiment, zu dem ich Sie gerne einladen möchte. Stellen Sie sich ruhig einmal vor, Sie wären Anfang der 90-er Jahre eingeschlafen und soeben erwacht. Internet, e-Mail, SMS, iPhone, all das und vieles mehr wären für Sie Fremdworte. Vom Internet hätten Sie vielleicht eine rudimentäre Vorstellung, weil sie damals in einer klugen Zeit- schrift schon etwas darüber gelesen haben, aber dass „das Netz" die Welt einmal derart einschneidend bestimmen würde, das wäre Ihnen vor zwanzig Jahren ganz gewiss nicht in den Sinn gekommen.

Diese Entwicklungsprozesse haben viele Ursachen. Dazu gehört die Globalisierung, die unserer einheimischen Wirt- schaft durch einen sich immer mehr steigernden Wettbewerbs- druck kräftig einheizt, so dass auf dem Markt nur noch der Chancen hat, der schnell, flexibel und dynamisch agiert. Dazu gehört die atemberaubende technische Entwicklung. Mühelos überbrücken wir durch unsere modernen Kommunikations- mittel große Distanzen. Fast immer sind wir – zum Segen und zum Fluch – erreichbar. Und was die Mobilität angeht, macht uns schon lange keiner mehr etwas vor. Wir jetten in wenigen Stunden um den halben Globus, und sparen auf unseren Reisen im Vergleich zu früheren Generationen Tage, Wochen oder gar Jahre ein.

Das Paradox besteht nun freilich darin, dass uns trotz aller Zeitersparnis faktisch weniger Zeit zur Verfügung steht. Nun mag das auch damit zusammenhängen, dass unsere Maßnahmen der Zeitersparnis nicht nur Zeit sparen, sondern auch zusätzliche Zeit kosten. Wer hat denn nicht schon die Erfahrung gemacht, dass das relativ mühelose Schreiben und Versenden von e-Mails einen recht inflationären Gebrauch zur Folge hat. Im Klartext: Oft muss man sich am Beginn eines Arbeitstags durch eine Flut von e-Mails quälen, von denen – wenn es ein schlechter Tag ist – 90 % nur Schrottwert haben. Ebenso wird sich schon mancher darüber gewundert haben, warum in der Bahn viele der gerade Zugestiegenen erst einmal ihr Handy zücken, um den Lieben zuhause mitzuteilen, dass sie jetzt losfahren. Wohlgemerkt: Sie sagen nicht, wann sie ankommen und dass sie gerne abgeholt werden würden. Nein, Sie teilen nur mit, dass sie eine Ortsveränderung vornehmen, sie also – wie es sich gehört – dauernd in Bewegung sind, und der andere diese erstaunliche Leistung doch bitte zur Kenntnis nehmen möge. Life is motion!

So entstehen zahlreiche neue und nicht nur sinnvolle Gewohnheiten, und das Leben wird immer hektischer. Nicht selten führt das dazu, dass wir an dem Ort, wo wir uns gerade aufhalten, nicht mehr wirklich sind. Aber selbst dort, wo wir wirklich Zeit gewinnen, wird die gewonnene Zeit sofort wieder mit allen möglichen Aktivitäten voll gestopft, so dass am Ende nicht mehr viel davon übrig bleibt. So wird der Mensch immer mehr zum getriebenen Menschen, einem Wesen, das den Sinn seines Lebens in der Beschleunigung selbst sucht. Wir bewegen uns unaufhörlich, aber nicht mehr um ein Ziel zu erreichen. Oft wird die Bewegung selbst zum Ziel. Anschaulich beschreibt Antoine de St. Exupéry diese Lebenshaltung in einer fast schon prophetisch zu nennenden Weitsicht: „‚Guten Tag‘, sagt der kleine Prinz. ‚Guten Tag‘, sagt der Weichensteller. ‚Was machst du da?‘ sagte der kleine Prinz. ‚Ich sortiere die Reisenden nach Tausenderpaketen‘, sagte der Weichensteller. ‚Ich schicke die Züge, die sie fortbringen, bald nach rechts, bald nach links.‘ Und ein lichterfunkelnder Schnellzug, grollend wie der Donner, machte das Weichenstellerhäuschen erzittern. ‚Sie haben es sehr eilig‘, sagte der kleine Prinz. ‚Wohin wollen sie?‘ ‚Der Mann von der Lokomotive weiß es selbst nicht‘, sagte der Weichensteller. Und ein zweiter Schnellzug donnerte vorbei, in entgegengesetzter Richtung. ‚Sie kommen schon zurück?‘ fragte der kleine Prinz ... Das sind nicht die gleichen‘, sagte der Weichensteller. ‚Das wechselt.‘ ‚Waren sie nicht zufrieden dort, wo sie waren?‘ ‚Man ist nie zufrieden dort, wo man ist‘, sagte der Weichensteller."[1]

Diese kleine Szene ist erhellend, wenn wir nach den tieferen Gründen für den heutigen Beschleunigungswahn fragen. „Man ist nie zufrieden dort, wo man ist", sagt der Weichensteller. Aber warum? Eine recht einleuchtende Erklärung dafür hat Marianne Gronemeyer gegeben. In ihrem Buch „Das Leben als letzte Gelegenheit"[2] weist sie darauf hin, dass der hauptsächliche Grund für unsere innere und äußere Hast in der Angst vor dem Tod zu suchen ist. Hatte man im christlich geprägten Mittelalter noch die Hoffnung auf ein Leben nach dem Tod, so geht der Blick in der säkularisierten Neuzeit oft nicht mehr über die Grenze des Todes hinaus. Die Folge davon ist, dass man alles, was man für sinnvoll hält, in dieses Leben packen muss. Gleichzeitig werden die Lebensmöglichkeiten aufgrund unseres technischen und zivilisatorischen Fortschritts immer größer. Kamen die Großeltern manchmal kaum aus dem eigenen Dorf oder der eigenen Stadt heraus, so gehören heute Fernreisen zu den Selbstverständlichkeiten einer normalen Durchschnittsfamilie. Kurz: Zur durch den Tod angefachten Lebenssehnsucht gesellt sich eine inflationäre Steigerung der Lebensmöglichkeiten. Mit den Worten des Philosophen Hans Blumenberg: Die Schere zwischen Lebenszeit und Weltzeit geht immer weiter auseinander[3]. Die Folge davon ist, dass das Leben bis zum Letzten voll gepackt wird, damit man mitnehmen kann, was nur geht. Freilich: Eine Qualitätssteigerung bedeutet dies nur selten. Die innere und äußere Hetze führt nämlich dazu, dass wir technisch zwar fast alles können, aber es immer weniger vermögen, den Augenblick zu genießen. Wer auf einer Studienreise jeden Tag unzählige Orte „mitgenommen" hat, hat ohne Zweifel eine erstaunliche Leistung vollbracht, fast schon ein Martyrium. Aber vermutlich hat er weit weniger „gesehen" als Goethe auf seiner fast ein Jahr dauernden Italienreise.

Auf humoristisch-ironische Weise hat Heinrich Böll diesen Zustand des Getriebenseins beschrieben. Ein Mann, der sich um Arbeit bewarb, muss einen Fragebogen ausfüllen: *„Erste Frage: ‚Halten Sie es für richtig, daß der Mensch nur zwei Arme, zwei Beine, Augen und Ohren hat?'* Hier erntete ich zum ersten Male die Früchte meiner Nachdenklichkeit und schrieb ohne Zögern hin: ‚Selbst vier Arme, Beine, Ohren würden meinem Tatendrang nicht genügen. Die Ausstattung des Menschen ist kümmerlich.' *Zweite Frage: ‚Wie viele Telefone können Sie gleichzeitig bedienen?'* Auch hier war die Antwort so leicht wie die Lösung einer Gleichung ersten Grades. ‚Wenn es nur sieben Telefone sind', schrieb ich, ‚werde ich ungeduldig, erst bei neun fühle ich mich vollkommen ausgelastet.' *Dritte Frage: ,Was machen sie nach Feierabend?'* Meine Antwort: ,Ich kenne das Wort Feierabend nicht mehr – an meinem fünfzehnten Geburtstag strich ich es aus meinem Vokabular, denn am Anfang war die Tat."'[4]

Der Schabbat als Hilfe zur Entschleunigung Wir brauchen heute eine neue Form der Langsamkeit. Eine Achtsamkeit, die das Leben wieder genießen kann. Eine Gegenwärtigkeit, die uns nicht immer schon beim Nächsten und Übernächsten sein lässt. Wir brauchen gleichzeitig aber auch einen neuen Sinnhorizont. Denn wenn wir keinen Glauben und keine Hoffnung haben, die unser irdisches Leben übersteigen, dann wird es nur schwer möglich sein, eine Lebenshaltung der Gelassenheit zu entwickeln. Meine Hoffnung ist, dass der jüdische Schabbat oder ein im Geist dieses Schabbats gefeierter christlicher Sonntag uns wieder zu beidem verhelfen kann. Diese Hoffnung auf Heilung ist dann auch der entscheidende Grund, warum ich im Folgenden versuchen möchte, mich dem Geheimnis des jüdischen Schabbat anzunähern. Ich tue dies bewusst als Christ, als jemand, der sich von außen in diese faszinierende Seite jüdischen Glaubens einfühlt, und der dabei die überraschende Entdeckung macht, dass das Herzstück jüdischen und christlichen Glaubens einander in tiefer Weise entspricht. Gerade diese Entsprechung hat mich zur Einsicht geführt, dass jüdische Schabbattheologie und Schabbatpraxis auch für Christen von hoher Relevanz sind. Vielleicht ist der Schabbat ein Geschenk, das der Gott Israels nicht nur seinem Volk, sondern der ganzen Menschheit gemacht hat. Damit will ich nicht sagen, dass wir als Christen nun den jüdischen Schabbat übernehmen sollen. Nein, die Feier des Schabbats im eigentlichen Sinn gehört nur zur Berufung Israels. Aber vielleicht wäre ja schon viel gewonnen, wenn wir uns vom Geist des Schabbat inspirieren lassen, um ihn in passender Weise in unseren christlichen Kontext zu übersetzen. Es geht deshalb auch in keiner Weise darum, Juden etwas wegzunehmen, wie das schon häufig in der christlich-jüdischen Geschichte geschehen ist. Meiner Ansicht nach sind Juden und Christen je auf ihre Weise von Gott erwählt und dazu bestimmt, einander durch ihr jeweils eigenes Selbstverständnis zu inspirieren und – wo nötig – auch zu provozieren.

Der Schabbat

Israel hat den Schabbat als wöchentlich gefeierten Ruhetag
nicht schon immer gehalten. Vermutlich wurde der Schabbat
erst in der Zeit des babylonischen Exils (6. Jh. v. Chr.) zu
einem der zentralen jüdischen Gebote. Vorher scheint es zwar
auch schon eine Art Schabbatfest gegeben zu haben, aber dieses wurde anfangs noch nicht wöchentlich gefeiert und hatte
auch inhaltlich noch nicht viel mit dem späteren jüdischen
Schabbat zu tun. Von dem Augenblick an, als der Schabbat als
wöchentlich gefeierter Ruhetag das Licht der Welt erblickte,
scheint er auch gleich große Bedeutung bekommen zu haben.
Ausdruck dieser hohen Wertschätzung ist, dass man den
Schabbat im babylonischen Exil als Bundeszeichen, also als
zentrales jüdisches Identitätssymbol verstand. Außerdem fand
das Schabbatgebot seinen Platz in der Sammlung der Zehn
Gebote, denen ohne Zweifel eine besondere göttliche Würde
zukommt. So begegnet der Schabbat besonders ausführlich
an den zwei Stellen der 5 Bücher Mose, wo der Dekalog zitiert
wird (Ex 20 und Dtn 5). Die Begründungen für das Halten des
Schabbat sind dabei durchaus unterschiedlich akzentuiert.
In Ex 20,11 dient das Ruhen Gottes am siebten Tag als Begründung für die Feier des Schabbat, während in der zweiten
Fassung der Zehn Gebote (Dtn 5,15) die Befreiung aus Ägypten

in den Vordergrund rückt, also das Thema innerer und äußerer
Freiheit. Ein Widerspruch ist das freilich nicht, der Zusam-
menklang beider Texte besagt, dass wir nur dann die Chance
haben freie Menschen zu werden, wenn wir auch der Ruhe des
Schabbat genügend Raum in unserem Leben geben. Interessant ist übrigens auch, dass an beiden Stellen – und nicht
nur dort (z.B. auch in Ex 23,12) – die soziale Komponente des
Schabbattages betont wird: Auch die Sklaven und Fremden in
Israel sollen an diesem Tag von der Arbeit befreit sein, ja sogar
die Tiere sollen ruhen.

Das innerste Geheimnis des Schabbat: die Ruhe Die Begründung, die wohl am nachhaltigsten in der jüdischen Tradition
gewirkt hat, ist die Begründung des Schabbat im Ruhen Gottes,
wie sie in Gen 1,31–2,3a und auch in Ex 20,8–11 Aufnahme fand.
Sie ist grundlegend, weil in ihr implizit alle anderen Themen
bereits enthalten sind. Für uns ist sie auch deshalb von
Gewicht, weil sie an die Schöpfungsgeschichte anknüpft und
damit den universalen, auf die ganze Schöpfung bezogenen
Anspruch des Schabbat klar hervortreten lässt.

In Gen 1,31–2,4a steht: „Und Gott sah an alles, was er
gemacht hatte, und siehe, es war sehr gut. Da ward aus Abend
und Morgen der sechste Tag. So wurden vollendet Himmel
und Erde mit ihrem ganzen Heer. Und so vollendete Gott am
siebten Tag seine Werke, die er machte, und ruhte am siebten
Tag von allen seinen Werken, die er gemacht hatte. Und Gott
segnete den siebten Tag und heiligte ihn, weil er an ihm ruhte
von allen seinen Werken, die Gott geschaffen und gemacht
hatte." In diesen Worten finden die rabbinischen Ausleger
einen offensichtlichen Widerspruch. Denn auf der einen Seite
wird hier gesagt, dass Gott am siebten Tag ruhte, auf der
anderen Seite heißt es, Gott habe an diesem Tag sein Werk

vollendet. Nun ist Vollendung zwar ein schöner und großartiger Akt – man denke nur an einen Künstler, der nach der
mühevollen Phase des Schaffens noch einmal Hand anlegt, um
seinem Werk den letzten Schliff zu geben –, aber Arbeit ist es
eben dennoch. Die Frage lautet für sie deshalb: „Was nun hat
er getan, der Heilige, gepriesen sei sein Name? Hat er wirklich
noch gearbeitet? Oder hat er sich, wie sich das für den Schabbat eigentlich gehört, aller Arbeit enthalten?" Die Antwort, die
wie ein Kompromissversuch klingt, heißt: Gott hat tatsächlich
am siebten Tag noch etwas geschaffen. Aber das Schöpfungs-
werk des siebten Tages ist ein ganz besonderes. An diesem Tag
schuf Gott die Menucha, die Ruhe. Erst in dieser Menucha
wird die Schöpfung vollendet. So schreibt Raschi (11. Jh.),
einer der bedeutendsten jüdischen Bibelkommentatoren des
Mittelalters: „Nach den sechs Schöpfungstagen, was fehlte
dem Universum noch? Menucha! Dann kam der Schabbat und
mit ihm die Menucha, und das Universum war vollendet." [5]
Die Krone der Schöpfung ist also nicht der Mensch, Krone
und letztes Ziel der Schöpfung ist der Schabbat, und in ihm
die Menucha!

Doch was hat man nun unter „Menucha" zu verstehen?
Eins jedenfalls nicht: den reinen Müßiggang, auch wenn das
absichtslose Tun im Sinne von Muße oder Spiel durchaus ein
wichtiger Bestandteil des Schabbat ist. Menucha meint mehr.
Sie ist ein Hinweis auf unsere tiefste göttliche Bestimmung,
steht letztlich für den Einklang menschlichen Lebens mit sich
selbst, mit Gott, den Mitmenschen, ja der ganzen Schöpfung.
So heißt es in einer Auslegung zu Gen 10,9 (Gen rabba): „Was
wurde am siebten Tag geschaffen? Gelassenheit, Heiterkeit,
Frieden und Ruhe." Abraham Heschel beschreibt die Menucha
folgendermaßen: „Es ist der Zustand, wo der Mensch still liegt,
wo die Gottlosen aufhören zu plagen und die Müden ruhen.

Es ist der Zustand, in dem es weder Kampf noch Streit gibt, weder Angst noch Mißtrauen. Das Wesen eines guten Lebens ist Menucha. ‚Der Herr ist mein Hirte, mir wird nichts mangeln. Er lässt mich auf grünen Wiesen lagern. Er führt mich an stillen Wassern entlang' (den Wassern der Menucha)."[6]

Das Ziel des Schabbat: Leben in gelingenden Beziehungen
Die genannte rabbinische Interpretation macht in großartiger Weise deutlich, dass das ganze Universum und insbesondere das menschliche Leben erst dort zur Vollendung kommen, wo die Menucha hinzutritt, wo alles Leben in Gott seine Mitte findet und so zur „Ruhe" kommt. Biblisch gesehen ist der Mensch ein Beziehungswesen. Er steht in einer vierfachen Beziehung: der Beziehung zu Gott, zu sich selbst, dem Mitmenschen und der Schöpfung. Sinnvolles Leben ist daher im Wesentlichen Leben in gelingenden Beziehungen. Dabei ist das Beziehungsgefüge, in das der Mensch hineingeflochten ist, so gestaltet, dass alle Beziehungen innig ineinander verwoben sind. Ist eine Beziehungsebene gestört, werden auch alle anderen in Mitleidenschaft gezogen. Geschieht an einem Punkt Heilung, dann wirkt sich das positiv auf die anderen Ebenen aus. Im Grunde genommen gleicht die menschliche Grundstruktur einem Spinnennetz, das an feinen Fäden befestigt ist. Löst sich ein Faden aus der Verankerung, dann verliert das kunstvolle Gebilde seine innere Spannung und läuft Gefahr, vom nächsten Windhauch zerstört zu werden.

Die Grundbeziehung in diesem menschlichen Beziehungsgefüge ist die Gottesbeziehung. Sie ist gleichsam die Garantie dafür, dass alle anderen Beziehungen in Harmonie gelebt werden können. So ist ein Mensch, der sich von seinem Schöpfer geliebt und angenommen weiß, ein Mensch mit königlicher Würde. Er lebt in einer gesunden Beziehung zu sich selbst, er hat ein intaktes Selbstwertgefühl. Er kann sich annehmen und bejahen, weil er angenommen ist. Er ist frei, weil die tiefste Quelle seiner Identität Gott ist und er nicht dazu gezwungen ist, sein Leben von eigenen oder fremden Erwartungen in falscher Weise bestimmen zu lassen. Nicht die Zustimmung oder Ablehnung von Menschen bestimmen sein Selbstwertgefühl, sondern die Liebe Gottes. Ein solcher Mensch kann sich über Lob freuen, ohne überheblich zu werden. Er kann sachlich mit Kritik umgehen, ohne in einen Abgrund von Selbstzweifel zu stürzen. Weil er nicht in einer sklavischen Weise von den Erwartungen der Menschen bestimmt wird, ist er auch den Moden und Gewohnheiten seiner Zeit nicht hilflos ausgeliefert. Er hat einen Standpunkt, der ihm die Freiheit des eigenen Urteils ermöglicht.

Ist die Gottesbeziehung intakt, dann wirkt sich dies positiv auf alle anderen Beziehungsebenen aus. Ja, noch mehr: Die soziale Beziehungsfähigkeit wird durch die Gottesbeziehung erst konstituiert. So können Menschen, die nicht mehr von quälenden Gefühlen der Minderwertigkeit bedroht werden, andere annehmen und lieben. Sie müssen ihre Mitmenschen nicht erniedrigen, um sich selbst zu erhöhen. Indem sie sich im Licht Gottes betrachten und lernen, sich anzunehmen, lernen sie auch, andere in diesem Licht zu sehen. Sie sehen tiefer. Tastend erahnen sie, wozu Gott einen Menschen bestimmt hat, sehen das schöne Bild Gottes, selbst wenn dieses oft noch so gut hinter unseren unmenschlichen und hässlichen Fassaden verborgen ist. Sie sind in ihrer Beziehung zu Menschen wie ein Künstler, der vor einem groben, noch unbearbeiteten Felsbrocken steht und über die verborgenen und doch schon vorhandenen Potenziale dieses Steins meditiert. Im stillen Zwiegespräch, im aufmerksamen Hören und Sehen auf das Geheimnis dieses Steines, entbirgt der grobe Fels seine verborgenen und innersten Strukturen. Eine Vision wird geboren. Noch ist die Skulptur im Geheimnis des Steins verborgen. Aber schon jetzt erkennt der geübte Blick des Steinhauers die Konturen, die bald zutage treten werden. Es ist bereits alles da, was später im Lichte der Öffentlichkeit bestaunt werden wird. Nur noch Hammer und Meißel müssen ihr Werk verrichten, um den überflüssigen Fels weg zu schlagen. In dieser Weise lernen Menschen, die von Gottes Liebe angerührt sind, allmählich tiefer zu blicken. Sie wollen keine Menschen schaffen, die dem eigenen Bild gleichen. Sie wollen dem anderen das positive Bild seiner selbst vorhalten, das göttliche Bild, seine innerste Bestimmung.

Menschen, die aus der göttlichen Liebe leben, sehen auch die Natur in einem anderen Licht: Sie empfinden sie als Gabe ihres Schöpfers, sie können staunen, haben einen Blick für die Schönheit des Seins, für die göttliche Herrlichkeit, die alles durchdringt. Der respektlose und ausbeuterische Umgang mit der Natur, der lange genug unsere Zivilisation beherrscht hat und es weithin immer noch tut, deutet im letzten auf unsere gestörte Gottesbeziehung hin. Wie sollen Menschen eine innere Beziehung zur Natur entwickeln, mit ihr mitleiden, ihre Sprache verstehen, mit ihr klagen und loben, wenn sie keine Beziehung mehr zu dem Gott haben, der diese Schöpfung aus Liebe und Freude geschaffen hat und erhält. Je mehr wir in Gott sind, desto mehr erkennen wir das innerste Geheimnis unserer Welt. In einem gottlosen Universum kann es keine Achtung vor dem Lebendigen und den verborgenen Kräften der Materie geben. Ökologisches Bewusstsein ist ein integraler Bestandteil echten biblischen Glaubens.

Schon dieser kurze Blick auf den Begriff der Menucha genügt um zu zeigen, dass unser Leben weit von diesem Ziel entfernt ist. Die Gottesbeziehung ist durch Hybris und Misstrauen schwer gestört, wenn man überhaupt noch mit Gott als Wirklichkeit rechnet. Das menschliche Miteinander ist nicht selten von Gleichgültigkeit, Konkurrenz und gegenseitiger Ablehnung geprägt, bis zu offener Feindschaft und der Anwendung von Gewalt. Die Schöpfung wurde zum ausbeutbaren Rohstoffreservoir degradiert. Unsere Selbstbeziehung ist so gestört, dass selbst die massenweise aus dem Boden schießenden Therapiezentren dem nur noch unzureichend gerecht werden. Unser Grundproblem sind gestörte Beziehungen. Die Bibel nennt dies Sünde, Zielverfehlung. Mit all dem ist eines hinreichend klar: Die Menucha als umfassende Größe beschreibt nicht den Zustand des realen Menschen, sondern ist als Zielbestimmung zu verstehen. Gottes Schöpfung ist ein nach vorne hin offener Prozess. Das Ziel ist der Schöpfung zwar von Anfang an eingestiftet, aber die Schöpfung hat dieses Ziel noch lange nicht erreicht. In diesem Sinn führt uns die Schöpfungsgeschichte keinen abgeschlossenen Zustand vor Augen. Zwar ist der äußere Rahmen zur Verfügung gestellt, auch hat der evolutionär-schöpferische Prozess bereits ein Stadium erreicht, wo der Mensch als selbstbewusstes und Kultur schaffendes Wesen hervortritt, aber das eigentliche Ziel liegt noch vor uns. Erst wo wir und die Schöpfung so von Gott und seiner Liebe durchdrungen sind, ist diese Schöpfung erlöst und damit wahrhaft zu ihrem Ziel gelangt. Dann ist Schabbat, dann ist Reich Gottes, dann ist messianische Zeit. Ein Universum, das Gott ausklammert, verfehlt seine Bestimmung. Die Schöpfung bedarf der Menucha. Die Schöpfung bedarf des Schabbat.

Der Schabbat: Einweisung in unsere göttliche Bestimmung

Der wöchentlich gefeierte Schabbat ist eine notwendige Erinnerungshilfe. Er bringt neu zu Bewusstsein, worin das eigentliche Ziel unseres menschlichen Lebens besteht. Gerade der moderne Mensch, der in der besonderen Versuchung steht, Gott und die eigentlichen, die geistig-geistlichen Ziele seines Lebens aus dem Auge zu verlieren, soll durch den Schabbat wieder an das erinnert werden, was das letzte Ziel seines Lebens und der ganzen Schöpfung ist. Sechs Tage stehen wir in der Versuchung, uns fremdbestimmen, uns versklaven zu lassen von den Mächten der Arbeit, der Materie und des Raumes. Am Schabbat sollen wir wieder lernen, dass wir zu Freiheit und Liebe bestimmt sind. Der Schabbat ist somit eine Antwort auf das beunruhigende und alarmierende Gefühl innerer Entfremdung. Ein Gefühl, das unsere Sprache präzise beschreibt. Wenn wir beispielsweise sagen, dass wir „neben uns" stehen, dann werden wir uns des inneren Bruches bewusst, der allzu oft unsere Lebensvollzüge bestimmt. Das, was wir tun, stimmt nicht mit unserem Innersten überein. So wie das Gefühl echter Zufriedenheit Ausdruck innerer Übereinstimmung ist, so ist dieses Gefühl des Neben-Sich-Stehens Hinweis auf die innere Zerrüttung unseres Lebens. Wir sind aus dem Zentrum gefallen. Wir haben unsere Mitte verloren. Selbst wenn wir gar nicht oder nur dumpf wissen, was wir im Innersten sind, eine tief in unserem Inneren erwachende Stimme sagt uns, dass das, was wir von Gott her sind und sein sollen, nicht mit unserem wirklichen Leben übereinstimmt. Eine schrille Dissonanz, eine tiefe Disharmonie bestimmt uns und erweckt die Sehnsucht nach Harmonie und Frieden, nach Menucha.

Da ist ein Mensch, der sich zu viel an Arbeit auflädt. Ein Mann im mittleren Alter, Inhaber einer gehobenen Position. Der innere Druck – er will ja schließlich jemand sein im Leben – und die äußeren Erwartungen, die proportional zu seiner Karriere immer mehr ansteigen, führen zu zunehmender Erschöpfung und Ermüdung. Die Familie wird vernachlässigt, die Beziehungen zu Freunden verarmen, die Lebensfreude geht verloren. Die alltäglichen Verrichtungen sind oft von einem Gefühl der Leere und Sinnlosigkeit geprägt. Dieser Mensch handelt und redet zwar formal und inhaltlich perfekt wie eine Maschine, aber er selbst ist längst nicht mehr dabei. Er hat die innere Präsenz verloren. Bei Empfängen gehört er zu der Sorte von Menschen, die sich äußerlich zwar unterhalten, aber innerlich schon beim nächsten abzuleistenden Gesprächskandidaten sind. Quantität geht vor Qualität. Ein solches Leben lebt man auf Dauer nicht ungestraft. Selbst wenn es zu keinen ernsthaften körperlichen Erkrankungen kommt, der innere Mensch verarmt immer mehr. Aber alle Alarmsignale, die Körper und Seele von sich geben, werden ausgeblendet. Der Terminkalender wird weiter vollgestopft. Nicht selten rechtfertigt man diese Art von Selbstausbeutung auch noch mit dem Hinweis auf hohe menschliche oder religiöse Ideale. Warum tut ein Mensch so etwas, obwohl er offensichtlich nicht suizidgefährdet ist? Er tut es, weil er und die Gesellschaft, in der er lebt, menschlichen Selbstwert durch die Menge der geleisteten Arbeit definieren. Wertvoll und liebenswert ist der aktive und ständig produzierende Mensch, der homo faber. Deshalb ist ein gut gefüllter Terminkalender unentbehrlich für das angeknackste Selbstwertgefühl. Er ist zum Nachweis der eigenen Existenzberechtigung geworden. So ist die Arbeit von einer tiefen Ambivalenz geprägt. Sie ist lebensnotwendig, manchmal sogar größtes Glück. Aber sie kann auch eine riesigen Erwartungsdruck ausüben und damit zu einer schweren Belastung werden. Nichts prägt ein solches Leben mehr als das Gefühl des inneren Auseinanderklaffens, der Disharmonie, der Beziehungslosigkeit.

Soll der Schabbat eine heilende Funktion an uns haben, dann muss er uns deshalb zuallererst daran erinnern, dass wir Menschen ohne Vorbedingung von Gott geliebt sind. Wir müssen uns unsere Würde nicht erst verdienen. Nicht durch unsere Arbeit, nicht durch gesellschaftliches Ansehen, nicht durch irgendwelche Bemühungen anderer Art. Noch bevor wir irgendetwas tun oder haben, sind wir von Gott geliebte und angenommene Geschöpfe. Weil wir etwas sind, müssen wir nicht gewaltsam etwas aus uns machen. Es kommt doch nie an das heran, was uns bereits geschenkt ist. Wir sind Gottes Ebenbilder, ihm aus dem Gesicht geschnitten. Gibt es eine größere Ehre und Würde? „Was ist der Mensch, dass du seiner gedenkst, und des Menschen Kind, dass du dich seiner annimmst? Du hast ihn wenig niedriger gemacht als Gott, mit Ehre und Herrlichkeit hast du ihn gekrönt. (Ps 8, 5f)" In der jüdischen Tradition konkretisiert sich diese all unserem Tun zuvorkommende Liebe Gottes in der aus menschlicher Perspektive unverdienten Erwählung des Volkes Israel (Dt 7, 7f), der Herausführung aus Ägypten, dem Bund am Sinai und der Gabe des Landes. Diese göttliche Liebe wird am Schabbat gefeiert. Im Gottesdienst der Synagoge, in der häuslichen Feier, im persönlichen Gebet. Sehr schön zusammengefasst werden die Gründe für die Feier des Schabbat in der Beracha (Segensspruch), die zwischen der Segnung des Weines und der Segnung des Brotes am Erev Schabbat (Freitagabend) gesprochen wird: „Gelobt seist du, Ewiger, unser Gott, König der Welt, der du uns geheiligt durch deine Gebote, uns erwählt hast und deinen heiligen Schabbat in Liebe und Wohlgefallen uns zum Anteil gegeben hast als Gedenken des Schöpfungswerkes. Er ist der erste Tag der heiligen Feste, eine Erinnerung an den Auszug aus Ägypten. Uns hast du auserwählt, uns geheiligt von allen Nationen, und deinen heiligen Schabbat hast du uns in Liebe und Wohlgefallen zum Anteil gegeben. Gelobt seist du, Ewiger, der du den Schabbat geheiligt."

Doch der Schabbat feiert nicht nur die Liebe zwischen Gott und Mensch, er lässt unser ganzes Menschsein in all seiner Fülle neu aufleuchten. So ist es geradezu selbstverständlich, dass das uns von Gott geschenkte Sein auch leiblich und sinnlich erfahren werden muss. Der Mensch stellt eine geistig-leibliche Einheit dar, und demzufolge ist Gottes Ja auch kein theoretisches und trockenes Ja. Es will sich in der Fülle unseres Menschseins manifestieren. Deshalb soll der Lebensfreude an diesem Tag Raum geben werden. Dazu gehören gutes Essen, die Freude an der Natur, ebenso wie die Zeit, die man sich für Spiel und Muße gönnt. Selbst die sexuellen Freuden sollen an diesem Tag nicht zu kurz kommen. „Heilige den Schabbat durch gute Mahlzeiten, durch schöne Kleider, erquicke deine Seele mit Freude, und Ich will dir eben diese Freude lohnen." (Dtn Rabba 3,1) Dieser Lebensfreude entspricht es, dass man sich am Schabbat darum bemüht, eine wirklich sinnliche Atmosphäre herzustellen. Man räumt die Wohnung auf und schmückt sie, so gut man nur kann, man zieht schöne Kleider an, man lässt die Schabbatkerzen in die Dunkelheit hinein brennen, als ein Symbol für das Licht, durch das Gott unsere Dunkelheit erhellen will. Einübung in das neue Sein heißt also ganz konkret: das Ja Gottes zu uns ganz ernst zu nehmen, es in und mit allen Dimensionen unseres Menschseins zu feiern. Wir sollen und dürfen uns etwas gönnen, weil Gott uns etwas gönnt. Menschen, die das lernen und darin auch lernen, sich selbst ernst zu nehmen, sind keine Egoisten. Vielmehr kann nur der, der sich selbst etwas gönnt, auch anderen etwas gönnen.

Der Schabbat als Vorwegnahme der messianischen Zeit
Wir haben gesehen, dass der Schabbat in der biblisch-jüdischen Tradition ein Symbol für die letzte Vollendung ist, für

den Zustand, wo alles in Gott zur „Ruhe" kommt. Dieser messianische Endzustand wird im wöchentlich gefeierten Schabbat ein Stück weit vorweggenommen, so dass unser Leben von diesem Ziel her immer wieder neu Sinn und Bedeutung bekommen kann. So verbindet der Schabbat wie eine Brücke zwei Welten: diese Welt und die kommende Welt.

Wenn man jüdischen Denkern folgt, die über die besondere Qualität der Zeit am Schabbat nachdenken, dann fällt auf, dass bei ihnen die 24 Stunden des Schabbat eine fast metaphysische Qualität bekommen. So schreibt Abraham Joshua Heschel, dass der Schabbat kein anderer Bewusstseinszustand ist, „sondern ein anderes Klima; es ist, als ob sich das Aussehen aller Dinge irgendwie veränderte. Allem voran steht die Wahrnehmung, daß wir uns im Schabbat befinden, nicht der Schabbat in uns."[7] Es ist also keinesfalls übertrieben, wenn man den Schabbat aus christlicher Perspektive als eine Art Sakrament versteht, als ein Stück irdischer Wirklichkeit, das so von Gott in Anspruch genommen wird, dass es transparent wird für Gott. In diesem Fall freilich – und das ist das Ungewohnte – ist es eben nicht ein Stück Materie, sondern ein „Stück" Zeit, das so von Gott in Anspruch genommen wird. Doch was zeichnet diese Zeit nun in besonderer Weise aus? Vielleicht kann man es so erklären: Am Schabbat kann und soll die Zeit dank der göttlichen Gnade schon jetzt zur erfüllten und in diesem Sinn auch zur messianischen Zeit werden. Doch was ist das eigentlich: „erfüllte Zeit"?

Normalerweise erleben wir die Zeit als etwas, das Ausdehnung hat. Wir stellen uns eine Zeitstrecke vor, die von der Vergangenheit über die Gegenwart in die Zukunft reicht. Auf diesem Zeitpfeil werden die einzelnen Ereignisse verortet. Auch wir verorten uns darauf. Wir gehen davon aus, dass wir einst in der Vergangenheit waren, jetzt in der Gegenwart sind und einmal in der Zukunft sein werden. Wir pilgern gewissermaßen durch die Zeit, sind selbst aber immer in der Gegenwart. Doch ist das wirklich so? Vielleicht ist es objektiv betrachtet so, wobei man auch da Zweifel anmelden kann. Subjektiv betrachtet jedoch befinden wir uns nur selten in der Gegenwart. Meist schwankt unsere Aufmerksamkeit zwischen unterschiedlichen Punkten hin und her. Erfüllte Zeit zeichnet sich dadurch aus, dass wir ganz bei dem sind, was gerade *jetzt* die uns von Gott gegebene Wirklichkeit ausmacht, und wir uns dadurch dem Jetztzustand annähern. Ich gehe dabei nicht einmal davon aus, dass meine legitime Gegenwart nur das sein darf, was die äußeren Sinne wahrnehmen. Nein, ich muss nicht immer dort sein, wo mein Leib gerade (zufällig) ist. Meine von Gott gewollte Gegenwart kann auch darin bestehen, dass ich ganz in der Vergangenheit oder ganz in der Zukunft bin, oder weder hier noch dort, sondern „ganz bei mir" bzw. „ganz bei Gott". Wichtig für das „Erfülltsein" von Zeit ist nur, dass ich dort, wo ich bin, ganz bin. Darum also geht es: dass ich kein zerteiltes und in sich gespaltenes Wesen bin, sondern ein in der Aufmerksamkeit geeintes Wesen, eben: ein achtsames Wesen. Wo ich das bin, verliert die Zeit in meinem Bewusstsein den Aggregatzustand der Dehnung, den Charakter der Zeitstrecke, und damit auch ihre Negativaspekte. Diese rühren nämlich größtenteils daher, dass ich „gedehnt" bin: weder hier noch dort. Ich will dies durch ein Beispiel ein wenig erläutern: Ich rede mit einem Menschen, merke aber, dass ich nicht wirklich bei ihm bin, sondern mich in Gedanken wo ganz anders aufhalte. Das kann ja auch in Ordnung sein. Vielleicht ist es für mich in diesem Moment tatsächlich gut und richtig innerlich woanders zu sein. Aber dann sollte ich so konsequent sein, das Gespräch abzubrechen, und den anderen nicht durch eine vorgetäuschte Präsenz belügen. Oder eben: mich dem anderen in Wahrheit zuwenden und mich von dem „woanders" abwenden. „Hier" zu sein kann genauso legitim sein wie „dort" zu sein. Nur eines geht nicht, wenn ich achtsam leben will: ein wenig hier und ein wenig dort zu sein, also „gedehnt" bzw. zerstreut zu sein. Dann verliere ich meine Präsenz und werde von negativen Gemütszuständen überflutet. Von Gefühlen der Langeweile zum Beispiel, die ein Ausdruck dessen sind, dass ich mich nicht entscheiden kann, irgendwo ungeteilt zu sein, weil mir nichts wirklich gefällt. Oder Gefühlen des Stresses, die ebenso ein Indiz dafür sind, dass ich mich für nichts entscheiden kann. In diesem Fall jedoch nicht, weil mir nichts gefällt, sondern weil mir alles gefällt, zumindest ein wenig, und ich deshalb auch am liebsten alles „machen" möchte. „Erfüllte Zeit" ist somit der Zustand, in dem wir bei vollem Bewusstsein – und damit in der Zeit – unser Zeitempfinden verlieren. Voraussetzung für dieses Zeitempfinden ist, dass ich – so gut es geht – bei mir bin.

Karl Valentin hat einmal sehr treffend gesagt: „Heute Abend gehe ich mich besuchen. Mal schauen, ob ich zuhause bin."

Nur wer bei sich zuhause ist, kann präsent und achtsam leben:

Da sind zwei Menschen, die restlos ineinander verliebt sind. Sie sind so sehr von dem Glück des Verliebtseins ergriffen, dass sie alles um sich herum vergessen. Sie haben nur noch Augen füreinander. Genau dieser Zustand völliger Hingabe führt dazu, dass sie das Zeitbewusstsein verlieren. Stunden kommen ihnen plötzlich wie Sekunden vor. Da ist ein Meditierender oder ein Betender: Ganz hingegeben an seinen Gott verliert und findet er sich in der Schönheit und Fülle des göttlichen Seins. Er blickt nicht mehr auf die Uhr. Die Zeit scheint still zu stehen. Da ist ein Maler. Er ist von einer inneren Vision erfasst. Er ringt mit den Farben, mit dem Licht, mit dem Material. Er ist im wahrsten Sinn des Wortes besessen. Seine Frau ruft zum Essen. Er hört es nicht. Das Telefon klingelt, soll es ruhig. Die Welt um ihn her existiert nur noch in Schemen. Er geht ganz in der Hingabe an seine Arbeit auf. Er ist in der Gegenwart. Die Beispiele ließen sich um ein Vielfaches vermehren. Es ist immer dasselbe Phänomen: Dort, wo Menschen ganz an Gott, einen Menschen oder eine bestimmte Aufgabe hingegeben sind, wo sie „ganz bei der Sache" sind, dort verlieren sie das Zeitbewusstsein. Man kann es auch anders ausdrücken: Dort, wo der Mensch ganz in der Liebe ist, dort ist Gegenwart, dort ist Erlösung, dort öffnet sich der Himmel hin zur Erde.

Erfahrungen „erfüllter Zeit" sind nicht das Normale. Das zeigen alle diese Beispiele. So sehr wir uns bemühen sollen, achtsam zu leben, so sehr wir unseren Teil beitragen können, wir können es nicht erzwingen, dass unsere Zeit zur erfüllten Zeit wird, dass wir in Hingabe versunken jedes Zeitgefühl verlieren. Erfahrungen erfüllter Zeit haben immer Geschenkcharakter. Es ist ein göttliches Wunder, das da geschieht. Aber gerade weil es sich um ein Wunder handelt, um etwas, das man sich in vollkommener Weise erst für die messianische Zeit vorstellen kann, geht man im Judentum davon aus, dass am Schabbat als Vorwegnahme der messianischen Zeit auch dieses Wunder in herausgehobener Weise möglich werden kann. Schließlich ist der Schabbat der Tag, den Gott selbst geheiligt, also aus dem Alltag ausgegrenzt hat, um unsere normale Zeit in erfüllte Zeit zu verwandeln. Sehr schön beschreibt das folgende Gleichnis diesen wunderhaften Charakter des Schabbat:

„Es war einmal ein Rabbi, der von seinen Verfolgern in einem Verließ eingekerkert wurde, in dem ihn kein Lichtstrahl erreichte, so daß er nicht wusste, wann Tag und Nacht war.

Nichts quälte ihn so sehr wie der Gedanke, daß er nun daran gehindert wurde, den Schabbat mit Gebet und mit Gesang zu feiern, wie er es von Jugend auf gewohnt war. Außerdem verursachte ihm ein fast unüberwindliches Bedürfnis zu rauchen große Pein. Er quälte sich mit dem Gedanken und machte sich Vorwürfe, daß er seine Leidenschaften nicht überwinden konnte. Auf einmal stellte er fest, daß sie plötzlich verschwunden war, und eine Stimme in seinem Inneren sprach: ‚Jetzt ist Freitagabend! Denn das war stets die Stunde, wo mein Bedürfnis für das, was am Schabbat verboten ist, mich verließ.‘ Freudig erhob er sich und dankte Gott mit lauter Stimme und segnete den Schabbat. So ging es Woche für Woche; sein quälendes Verlangen nach Tabak schwand regelmäßig beim Herannahen des Schabbat."[8]

Der Schabbat als Kunst der Abgrenzung Der Schabbat hat neben seiner positiven Funktion, Einübung in das von Gott gewollte Leben zu sein, auch eine „negative", eine abgrenzende Funktion. Diese abgrenzende Seite besteht darin, nach Möglichkeit all das wegzulassen und zu vermeiden, was das neue Leben, das Gott uns schenken will, an seiner Entfaltung hindert. Deshalb hat ein Großteil der Schabbatgebote zum Ziel, uns in diese Kunst des Weglassens, in die Kunst der Negation einzuführen. Es handelt sich um eine Art Askese, mit dem Ziel, einen freien und leeren Raum in der Zeit zu schaffen, in den hinein sich das Geheimnis der Begegnung zwischen Gott und Mensch ereignen kann. Vielleicht kann man den Schabbat am besten als ein Heiligtum in der Zeit beschreiben. In ein Heiligtum tritt man ein, um darin Heil und Heilung zu finden. Man tritt aber nur dann recht ein, wenn man sich innerlich und äußerlich vorbereitet, was in unserem Fall eben vor allem bedeutet, dass man den Alltag bewusst hinter sich lassen muss.

Wer in das Heiligtum des Schabbat eintritt, der „muß zuerst den Lärm profaner Geschäfte, das Joch der Plackerei hinter sich lassen. Er muß sich von den kreischenden Dissonanzen der Tage freimachen, von der Nervosität und wilden Gier und von der Täuschung, mit der er Verrat am eigenen Leben übt."[9]

Soll ein Raum, ein Heiligtum in der Zeit entstehen, dann muss dieser Raum also klar von der Welt des Alltags geschieden werden. Jede Vermischung dieser beiden Dimensionen unseres Lebens ist hier von Übel. Das ist auch unmittelbar einsichtig. Jemand, der an seinem freien Tag Abstand von der Arbeit gewinnen will, der abschalten will, der aber gleichzeitig der Versuchung nicht widerstehen kann, nun doch einen Blick in den Terminkalender oder in sein Arbeitszimmer zu werfen, bei dem ist die Gefahr groß, dass er von jetzt auf nachher wieder ganz von seiner Arbeit in Beschlag genommen wird. In Gedanken geht er die kommende Woche durch, überlegt sich, was zu tun ist, wie er die Dinge anpackt, und verliert zunehmend seine innere Freiheit. Deshalb brauchen wir eine deutliche Grenze. Um im Beispiel zu bleiben: einen klar abgesteckten zeitlichen Rahmen, innerhalb dessen der Terminkalender geschlossen zu bleiben hat. Allein so kann die Arbeit in ihre Schranken gewiesen werden. Ebenso wichtig ist es aber auch zu wissen, dass man sich von einem bestimmten Punkt an wieder „legitim" seinen alltäglichen Geschäften zuwenden darf.

In der jüdischen Tradition ist diese so hilfreiche Scheidung zwischen Alltag und Schabbat vorbildlich durchgeführt. Dies wird sowohl am Beginn des Schabbat deutlich als auch an seinem Ende. Der Schabbat beginnt am Freitagabend. Bereits um die Mittagszeit hört man mit der Arbeit auf, um sich allmählich auf den Schabbat einzustellen. Klar ist dann der Anfang des Schabbat markiert. Wenn die Dunkelheit hereinbricht, wenn drei Sterne am Himmel zu sehen sind, dann ist es so weit. Natürlich muss man, um diesen Augenblick nicht zu verpassen, nicht unentwegt gen Himmel starren. In jeder jüdischen Zeitung steht, wann die Sonne genau untergeht und der Schabbat beginnt. In Jerusalem gibt es sogar eine Schabbatsirene. Diese erklingt kurz vor Anbruch des Schabbat, so dass man gerade noch genug Zeit hat, den Müll hinaus zu tragen und die Schabbatlichter anzuzünden. In einem religiösen jüdischen Haus ist der Unterschied zum Alltag nicht zu übersehen: Alle haben sich festlich angezogen, das Abendessen ist ein Festessen, die ganze Stimmung ist eine andere. Dass mit dem Schabbat wirklich etwas Neues in das alltägliche Leben hereinbricht, lässt vor allem das Ritual des Lichterzündens sehr schön erkennen. Zum Zeichen für den beginnenden Schabbat werden von der Frau des Hauses zwei Lichter angezündet, danach ein Segen gesprochen: „Gepriesen seist du, Herr unser Gott, König der Welt, der du uns ge- heiligt hast in deinen Geboten und uns befohlen hast, Lichter zu zünden für den Schabbat." Dabei hält sich die Frau, die als Priesterin des Hauses gilt und gerade am Schabbat eine wichtige Funktion hat, die Hände vor die Augen. Wenn sie anschließend die Hände wieder von den Augen nimmt, dann soll es ihr so erscheinen, wie wenn das Schabbatlicht erst jetzt erstrahle. Es ist ein eigenartiges Paradox, das hier zelebriert wird: Man empfängt den Schabbat wie ein Wunder, das man nicht gemacht hat und nicht machen kann, und dennoch ist man dabei ganz und gar engagiert. Es ist wie so oft, wo es um Spiritualität und Glauben geht: Jeder weiß, dass er das Wunder der Gottesbegegnung nicht machen oder herbei- zwingen kann, durch keine noch so spirituelle Übung oder Technik, und dennoch geht es auch nicht ohne das persönliche Engagement. Indem anschließend die Hände nach rechts und links bewegt werden, wird das Schabbatlicht auch symbolisch überall im Haus verbreitet. Nun ist die „Königin Schabbat" eingetreten. Einen ebenfalls sehr eindrücklichen Gestus, der den Beginn des Schabbat veranschaulicht, gibt es im relativ kurzen Synagogengottesdienst, der noch vor der häuslichen Schabbatfeier stattfindet. Während dieses Gottesdienstes, auch Kabbalat Schabbat (Begrüßung des Schabbat) genannt, drehen sich alle beim Singen des letzten Verses des Liedes „Lecha dodi" („Komm, mein Freund, der Braut entgegen, den Schabbat lasst uns froh empfangen") in Richtung zur Tür, um sinnenfällig den Schabbat willkommen zu heißen. All diese Riten, die manchmal den Schabbat regelrecht mystifizieren, lassen erkennen, dass der Schabbat wirklich wie ein Wesen aus einer anderen Welt empfunden wird, wie ein Stück Ewigkeit, das in die Zeit einbricht.

Auch das Ende des Schabbat ist durch einen klaren Schnitt gekennzeichnet: das Ritual der Hawdala (Scheidung). Im Zentrum der Hawdala steht der Kiddusch, der Segen über dem Wein. Man füllt dazu einen auf einem Teller stehenden Weinkelch so voll, dass er überfließt. Der überfließende Wein soll die überreiche Lebensfülle des Schabbat noch einmal anschaulich vor Augen führen. In dem über dem Wein gesprochenen Hawdalasegen heißt es dann unter anderem: „Gepriesen seist du, Herr unser Gott, König der Welt, der du scheidest zwischen Heiligem und Profanem, zwischen Licht und Finsternis, zwischen Israel und den Völkern, zwischen dem siebten Tag und den sechs Werktagen. Gepriesen seist du, Herr, der du scheidest zwischen Heiligem und Profanem! Amen!" So schön und reich der Schabbat auch war, diese Worte schärfen allen an der Hawdala Teilnehmenden ein, dass er jetzt vorbei ist, dass jetzt der Schnitt zum Alltag vollzogen werden muss. So ist das nun einmal: Noch leben wir in einer unerlösten Welt, zu der eben auch Arbeit, Mühsal und die ganze alltägliche Plackerei gehören. Das Tor zum Himmel wird einen Augenblick geöffnet, dann aber heißt es, sich wieder in die Niederungen des Alltags zu begeben. Dieses endgültige Abschiednehmen wird durch einige Rituale nun vollends „internalisiert". So wird eine Büchse mit wohlriechenden Kräutern herumgegeben, die wie der überfließende Wein für den Wohlgeruch des Schabbat stehen. Sie laden dazu ein, den Wohlgeruch des Schabbat mit in die nächste Woche zu nehmen. Sie sind aber auch dazu gedacht, den Blick schon wieder auf den nächsten Schabbat zu lenken. Kaum ist der Schabbat also vorbei, wird schon wieder die Sehnsucht auf den nächsten Schabbat in den Herzen der Menschen entzündet. Am Ende wird schließlich die Hawdalakerze, die am Anfang zur Erinnerung an das Licht der Schöpfung entzündet wurde, im Wein des Kidduschbechers gelöscht. Deutlicher und klarer kann man das Ende nicht besiegeln.

Diese Rituale zu Beginn und am Ende des Schabbat haben nicht nur die psychologisch wichtige Funktion, klare Zäsuren zu schaffen, sie helfen auch, den Übergang vom Alltag zum Schabbat und vom Schabbat zum Alltag so zu vollziehen, dass die Seele mitkommt. Sie sind in einem herausragenden Sinn ganzheitlich. Wir alle wissen, dass es nicht einfach möglich ist, von jetzt auf nachher umzuschalten. Wenn man jedoch allmählich mit dem Arbeiten aufhört, Vorbereitungen trifft, sich anders kleidet, die dementsprechenden Gebete spricht, dann vollzieht sich die innere Wandlung fast automatisch. Es ist dabei auch von nicht zu unterschätzender Bedeutung, dass der Schabbat bereits am Freitagabend beginnt. Denn die Art und Weise, wie man einen Tag beendet, ist nun einmal ausschlaggebend dafür, wie man am nächsten Tag erwacht. So hat man die Chance, sich innerlich ganz auf den nächsten Tag einzustellen, schläft in Feiertagsstimmung ein und wacht dann hoffentlich auch in solcher auf. Auch die Hawdala am Ende des

Schabbat hat eine wichtige Funktion: sie ist fast ein kleines Trauerritual, das die innerlich nötige Umstellung auf die kommende Woche unterstützt. Es ist jedenfalls erstaunlich, wenn man bedenkt, wie viel an psychologischer Weisheit in diesen Bestimmungen steckt.

Der auch der Arbeit seine Grenze setzt ... Die geforderte Abgrenzung bezieht sich natürlich nicht nur auf die Grenzen des Schabbat, sie durchdringt die inhaltliche Gestaltung des ganzen Tages. Dies zeigt sich vor allem darin, dass am Schabbat die Arbeit kategorisch verboten ist. Nach der Mischna (= Grundlage des jüdischen Religionsgesetzes, „mündliche" Lehre) sind es 39 Hauptarbeiten, die verboten sind. Es handelt sich dabei um Arbeiten, die bei der Errichtung der Stiftshütte notwendig waren und nach Überzeugung jüdischer Ausleger bereits in biblischer Zeit am Schabbat verboten waren (Ex 31,15; 35,2). Aus diesen 39 Hauptarbeiten werden weitere verbotene Arbeiten abgeleitet. Diese Definition von Arbeit wirkt zugegebenermaßen willkürlich und lässt noch nicht wirklich erkennen, was nun eigentlich inhaltlich mit „Arbeit" gemeint ist. Denn warum soll eine Tätigkeit, die zufällig gerade zum Bau der Stiftshütte notwendig war, verboten sein, während viele andere denkbare Tätigkeiten erlaubt sind? Hier kann Erich Fromm weiterhelfen, der versucht hat, den inneren Sinn des jüdischen Arbeitsverbotes zu erfassen. Er schreibt: „Nichts darf zerstört und nichts aufgebaut werden; der Schabbat ist ein Tag des Waffenstillstandes im Kampf des Menschen mit der Natur. Sogar das Abreißen eines Grashalms wird ebenso als eine Verletzung dieser Harmonie angesehen wie das Entzünden eines Streichholzes. Auch keine gesellschaftlichen Veränderungen dürfen vorgenommen werden. Das ist der Grund, warum es verboten ist, etwas auf der Straße zu tragen, selbst wenn es so wenig wiegt wie ein Taschentuch, während es erlaubt ist, im eigenen Garten eine schwere Last zu tragen. Nicht das Tragen als solches ist verboten, sondern der Transport eines Objekts von einem privaten Grundstück zu einem anderen, da es sich bei einem solchen Transfer ursprünglich um die Veränderung von Eigentumsverhältnissen handelt. Am Schabbat lebt der Mensch, als hätte er nichts, als verfolge er kein Ziel außer zu sein, das heißt seine wesentlichen Kräfte auszuüben – beten, studieren, essen, trinken, singen, lieben." Das biblische Arbeitsverbot besagt also in seiner jüdischen Interpretation nicht, dass jegliche Art von Arbeit verboten ist. Die Schwere einer Tätigkeit ist gerade nicht dafür ausschlaggebend, ob etwas als Arbeit zu gelten hat oder nicht. Es gibt ein inneres Kriterium. Versuchen wir, dieses innere Kriterium noch etwas deutlicher herauszuarbeiten.

Arbeit ist zuerst einmal all das, wodurch der Mensch sich sein Leben sichert und erhält. Diese Art von Arbeit ist nicht von vornherein negativ qualifiziert. Wir alle müssen arbeiten, um uns unseren Lebensunterhalt zu verdienen, und viele arbeiten sogar sehr gerne. Das Problem besteht darin, dass die Arbeit den Menschen dazu verführt zu meinen, er könne sich aus eigener Kraft das Leben sichern. Erliegen wir dieser Illusion, dann verkennen wir den Geschenkcharakter des Lebens, sehen nicht mehr, dass jeder Atemzug, den wir tun, Geschenk der göttlichen Liebe ist. Gegen diese eigenmächtige und gottlose Dynamik, die die Arbeit bei uns Menschen oft bekommt, richtet sich das biblische Arbeitsverbot. Indem der Mensch sich an einem Tag der Arbeit enthält, steuert er gegen diese Dynamik an. Der Mensch lebt im letzten nicht von seiner Arbeit, sondern von der Gnade Gottes. Auch unsere gelingende Arbeit verdanken wir Gott.

Was für die Ebene des natürlichen Lebens gilt, gilt noch mehr für unser inneres Leben. Auch hier erliegen wir oft der Illusion, dass wir Leben, Glück und innere Zufriedenheit durch eigene Anstrengung finden könnten. Erich Fromm weist hier zu Recht auf die in unserer alltäglichen Welt so entscheidende Dimension des Habens hin. All unsere Reichtümer, unsere Erfolge und Errungenschaften, aber auch unsere vielen Würden und Titel, sind oft nur Ausdruck unserer inneren Leere. Wären wir von innen her stark und zufrieden, müssten wir uns nicht mit allen möglichen Varianten des Habens künstlich aufblähen. Das menschliche Grundproblem – nämlich unsere Leere – wird dadurch gerade nicht gelöst, sondern nur verdrängt. Arbeit meint auf dieser Ebene all die nach außen gerichteten Aktionen des Haben-Wollens, die im letzten dadurch motiviert sind, unseren unersättlichen Lebensdurst zu stillen. Indem der Mensch sich am Schabbat all diese Aktionen untersagt, verherrlicht er die Dimension des Seins. Er erkennt an, dass ihm das Entscheidende eigentlich schon von Gott her geschenkt ist und es jetzt nur noch nur darum geht, dies vertrauensvoll aus Gottes Händen zu nehmen. Sehr schön beschreibt Heschel diesen besonderen Charakter des Schabbat: „Wie sollen wir den Unterschied zwischen dem Schabbat und den anderen Tagen der Woche bewerten? Wenn ein Tag wie z.B. der Mittwoch kommt, sind die Stunden leer; und wenn wir ihnen nicht Bedeutung verleihen, bleiben sie ohne Eigenart. Die Stunden des siebten Tages tragen ihre Bedeutung in sich selbst; ihre Bedeutung und ihre Schönheit hängen nicht von irgendeinem Werk, Profit oder Fortschritt ab, den wir zustande bringen können. Sie besitzen die Schönheit des Erhabenen."[10]

Es ist klar, dass die auf diesen Sinnebenen getroffenen Unterscheidungen von Arbeit und Nicht-Arbeit nicht immer eindeutig sind. Gerade als Christen werden wir hier an manchen Stellen Einspruch erheben und zu Recht das Moment der subjektiven Einschätzung ins Spiel bringen. Denn was für den einen Arbeit in dem problematisierten Sinn ist, muss es für den anderen noch lange nicht sein. Jemand, der während der Woche schwere körperliche Arbeit leistet, wird wahrscheinlich wenig Lust haben, diese Arbeit auch noch am Schabbat oder Sonntag auszuüben. Sie ist viel zu sehr mit seinem anstrengenden alltäglichen Existenzkampf verbunden. Umgekehrt wird ein Mensch, der in erster Linie einer geistigen Tätigkeit nachgeht, es vielleicht als eine Wohltat empfinden, wenn er am Schabbat eine schöne lange Wanderung unternehmen darf, auch wenn er dabei den am Schabbat erlaubten Weg um ein Vielfaches überschreitet. Man wird also in jedem Fall darüber nachzudenken haben, inwieweit solche Grenzen kollektiv gesetzt werden können. Hier haben Juden zweifelsohne eine andere Perspektive als Christen. Als Gegenpol zu unserer sehr subjektiven, christlich-liberalen Haltung, erscheint mir die jüdische Forderung, deutliche Grenzen zu ziehen, dennoch unentbehrlich. Auch Christen merken ja, dass etwas Entscheidendes verloren geht, wenn der Sonntag durch vermehrte Sonntagsarbeit und großzügige Ladenöffnungszeiten immer mehr relativiert und dem Alltag angeglichen wird. Es könnte sein, dass es manchmal sogar besser ist, rational nicht in jeder Hinsicht eindeutig gezogene Grenzen anzuerkennen, wenn dies dazu hilft, die Notwendigkeit der Grenze überhaupt im Bewusstsein zu halten. Fest steht in jedem Fall, dass dort, wo überhaupt keine erkennbare und allgemein verbindliche Grenze zwischen Alltag und heiligem Tag gezogen wird, die besondere und in unserem Sinn auch heilende Dimension des Schabbat schnell verloren geht. Darüber hinaus macht uns das Judentum bewusst, dass solche Setzungen, wenn sie ihre Wirkung nicht verfehlen sollen, immer auch die gesellschaftliche Dimension brauchen. Natürlich kann auch eine jüdische Familie, die mitten in München lebt, Wege und Möglichkeiten finden, am Schabbat zur Ruhe zu kommen. Aber leichter ist es natürlich in einer Umwelt, wo alle den Schabbat halten. Ein Moment, das auch für unsere christliche Sonntagsfeier von nicht zu unterschätzender Bedeutung ist.

Übrigens: Auch Jesus ist nicht gegen eine klare Grenzziehung zwischen Alltag und Schabbat. In Mk 2,23–28 kritisieren die Pharisäer, dass Jesu Jünger am Schabbat Ähren ausraufen und Jesus nichts dagegen unternimmt – wahrscheinlich betrachteten sie das Ährenausraufen als unerlaubte Erntearbeit –, worauf Jesus mit dem Satz kontert: „Der Schabbat ist euch übergeben, nicht ihr dem Schabbat." Hierzu ist an erster Stelle zu sagen: Jesus vertritt mit diesem profilierten Statement eine jüdische Überzeugung, die in späterer Zeit auch in ganz ähnlicher Form als rabbinische Äußerung begegnet. Diese Überzeugung geht davon aus, dass der Schabbat das menschliche Leben in seiner Fülle zur Entfaltung bringen, nicht jedoch es einschränken soll. Eine zu formalistische Interpretation, die dazu neigt, die Verbote über die positive Grundintention zu stellen, wird dem inneren Sinn des Schabbat nicht gerecht. Genau darin sieht Jesu im konkreten Fall des Ährenpflückens anscheinend das Problem. Für ihn ist das, was seine Jünger tun, vielleicht Ausdruck ihrer Langeweile, ganz sicher aber keine Erntearbeit. Wenn dies schon Erntearbeit wäre, dann dürfte man am Schabbat ja überhaupt nichts mehr tun außer Däumchen zu drehen. Andererseits ist sehr gut vorstellbar, dass Jesu Reaktion ganz anders ausgefallen wäre, wenn man den Unterschied zwischen Schabbat und Alltag zu sehr nivelliert hätte. Wahrscheinlich hätte er dann sogar darauf gepocht, die Grenzen zwischen Alltag und Schabbat ernst zu nehmen und sie nicht durch eine zu große Liberalität zu ver-

wischen. Dem Sinn des Schabbat kann man durch ein „zu viel"
an Abgrenzung ebenso schaden wie durch ein „zu wenig". So
vertritt Jesus eine im damaligen Kontext zwar etwas liberalere
Position, aber er bewegt sich immer noch innerhalb eines
jüdisch-pharisäischen Diskurses.

Von der Angst, zu kurz zu kommen   Wenn wir den Schabbat
bzw. den Sonntag bewusst halten, dann geht in Bezug auf unsere alltäglichen Geschäfte ein Tag „verloren". Ein Tag, an dem
sich die Welt ohne uns drehen muss: ohne unser Engagement,
ohne unsere Arbeit, ohne unser Sorgen und Mühen. Geht das?
Schon wenn man die Frage so stellt, merkt man wie viel Hybris
in uns steckt. Natürlich ist jedem klar, dass der Fortbestand
der Welt und unseres Lebens nicht von unserem Rennen und
Jagen abhängt. Dennoch bilden wir uns genau das oft genug
ein. Es gibt Menschen, die es fast als eine Beleidigung empfinden, wenn sie nach zwei Wochen Urlaub zu ihrem Arbeitsplatz
zurückkehren und feststellen, dass trotz ihrer Abwesenheit
alles gut lief und die Firma eigenartigerweise weder im Chaos
versunken ist noch bankrott gemacht hat. Wir sind nicht un-
ersetzlich! Gerade das will uns der Schabbat lehren. Er will uns
begreiflich machen, dass es auch einmal ohne uns geht und
uns auf diese Weise zu einer neuen Gelassenheit befreien. In
bestimmter Hinsicht ist der Schabbat so auch eine Einübung
in den Glauben. Wir sollen Gott zutrauen, dass er am Schabbat
die Welt auch einmal ohne unser kostbares Engagement am
Laufen hält. Wir sollen lernen an unsere eigene Entbehrlichkeit und die Unentbehrlichkeit Gottes zu glauben.

Auf dem jüdischen Schabbattisch liegen am Freitagabend
normalerweise zwei Brote, die so genannten Challot („Doppel-
brot"). Diese Brote erinnern an die doppelte Portion Manna,
die das Volk Israel in der Wüste am sechsten Tag der Woche

einsammeln durfte (Ex 16,13–30). An jedem Wochentag sollten die Israeliten nur soviel Manna einsammeln, wie sie für den entsprechenden Tag brauchten. Vorräte anhäufen war untersagt, angesammeltes Manna wurde faul und unbrauchbar. Einzige Ausnahme bildete der Freitag. Am Freitag durften sie eine doppelte Portion auflesen. Eine für diesen Tag selbst, den Freitag, und eine für den Schabbat. Das in der Bibel erzählte Wunder bestand nun darin, dass nur an diesem Tag die doppelte Portion nicht schlecht wurde. Eine wunderbare Geschichte! Eine Geschichte, die in großartiger Weise zeigt, dass Gott für uns und unsere Welt sorgen wird, wenn wir den Schabbat oder den Sonntag gewissenhaft halten. Gott verspricht uns, dass wir nicht zu kurz kommen werden, wenn wir alles Sorgen und Mühen loslassen. Wenn Juden am Freitag ihr Pflichtgefühl überfällt und sie dazu bringen will, noch ein paar unerledigte Arbeiten mit nach Hause zu nehmen, dann dürfen sie dies als Versuchung getrost von sich weisen und die Akten dort lassen, wo sie hingehören: nämlich im Büro. Das Gleiche gilt für Christen, die ihren Sonntag ernst nehmen. Gott hat versprochen, für uns zu sorgen. Nicht mangelndes Pflichtgefühl oder gar Verantwortungslosigkeit lassen uns so handeln, sondern das Vertrauen zu dem Schöpfer und Liebhaber unseres Lebens.

Herman Wouk beschreibt diese Haltung der Gelassenheit aus seiner Situation als Regisseur am Broadway: „Der Schabbat hat immer dann besonders einschneidend in mein Leben eingegriffen, wenn Proben meiner Stücke stattfanden. ... Während der Proben wird es immer gerade dann Freitagnachmittag, wenn die ganze Aufführung zusammenzubrechen droht. Ich kam mir manchmal wie ein Verräter vor, wenn ich in einer so kritischen Situation am Schabbat festhielt. Aber ich wußte aus Erfahrung, daß es beim Theater immer dasselbe ist. Manchmal stolpert die Aufführung wirklich dem Untergang entgegen, und manchmal stolpert sie auf einen Riesenerfolg zu, aber Stolpern ist jedenfalls die normale Gangart, und leidenschaftliche Ausbrüche sind die normale Stimmung. Also habe ich mich zögernd am Freitagnachmittag von meinen Kollegen verabschiedet, um am Samstagabend zurückzukommen. Nie ist eine Aufführung in der Zwischenzeit hoffnungslos zusammengebrochen. Wenn ich zurückkomme, klappt es genauso wenig wie vorher, und die verzweifelten Ausbrüche haben nichts an Lautstärke eingebüßt. Ich habe mit meinen Stücken Erfolge und Mißerfolge erlebt, aber keins von beidem kann ich darauf zurückführen, daß ich den Schabbat einhielt."[11]

Schabbat und Alltag: Heiligung der Zeit Die klare Trennung zwischen Alltag und Schabbat führt zu der berechtigten Frage, in welcher Weise Alltag und Schabbat nun inhaltlich aufeinander bezogen sind. Eine Lösung für diese Frage hat Philo von Alexandrien vorgeschlagen. Er schreibt: „Es ist uns geboten, daß wir uns an diesem Tag von aller Arbeit enthalten, nicht weil das Gesetz Trägheit fördert ... Das Ziel ist vielmehr, den Menschen Erholung von der ewigen, endlosen Plackerei zu gewähren, damit sie sich durch ein sorgfältig geplantes System der Ausspannung erfrischen und mit neuer Kraft an ihre alte Arbeit gehen können. Denn eine Atempause befähigt nicht nur gewöhnliche Leute, sondern auch Athleten, ihre Kräfte zu sammeln, damit sie mit verstärkter Kraft pünktlich und geduldig alle Aufgaben erledigen können, die vor ihnen liegen."[12] Diese Sätze, die deutlich gegen den antiken Vorwurf gerichtet sind, die Juden wären wegen ihrer Schabbatobservanz Faulenzer, versuchen in rational einsichtiger Weise, eine Verbindung zwischen Schabbat und Alltag herzustellen. Demnach wäre der Schabbat eine Art Rekreationsangebot, um unsere durch den Alltag verbrauchten Kräfte wiederherzustellen. Ein kleiner eintägiger Erholungsurlaub im wahrsten Sinn des Wortes. Nach all dem, was bisher ausgeführt wurde, ist deutlich, dass diese Interpretation dem Schabbat seine besondere Würde nimmt. Der Schabbat soll ja gerade nicht den Zweck haben, uns im Alltag zu noch reibungsloser funktionierenden Maschinen zu machen, sondern dient einem Sinn, der unsere Welt transzendiert. Er hat seine eigene Würde. Dass er daneben auch Erholungswert hat, mithin auch dazu beiträgt, dass wir wieder gestärkt und erfrischt ans Werk gehen können, muss deshalb nicht bestritten werden. Aber es wäre unzulässig, seinen Sinn von vornherein allein darin zu sehen. Paradox wird man sogar formulieren können: Je mehr der Schabbat vor Funktionalisierung und Instrumentalisierung bewahrt wird, je mehr er seinen Eigenwert behält, desto mehr wird er für das Leben tüchtig machen.

Das entgegengesetzte Missverständnis besteht darin, Schabbat und Alltag nun völlig beziehungslos nebeneinander stehen zu lassen. Hier der Raum alltäglicher Geschäftigkeit, dort der Raum eines bewusst in Gott gegründeten Lebens. Eine solche Schizophrenie, die Gott und unseren Alltag radikal voneinander ablösen würde, ist nicht im Sinn des biblischen Schabbatgebots. Die biblische Botschaft hat ja gerade zum Ziel, unser Leben ganzheitlich mit Gottes Gegenwart zu durchdringen und es so zu heiligen. Ein Glaube, der Gott zur Winkelangelegenheit unseres Lebens machen würde – hier, indem er ihn auf den Schabbat eingrenzt –, kann sich nicht auf die Bibel berufen.

Dies ist übrigens einer der Punkte, warum sich Luther gegen das jüdische Schabbatgebot – und auch gegen ein korrespondierendes Verständnis des Sonntags – wendet. Indem hier einem Tag eine „gesteigerte Heiligkeit" zugestanden wird, wird seiner Ansicht nach genau diese Art von Schizophrenie gefördert[13]. Heiligung darf nach ihm also gerade nicht heißen, bestimmte Gegenstände und Zeiten als „heilige" Gegenstände und Zeiten so aus dem Bereich des Alltäglichen herauszunehmen, dass das restliche, also das alltägliche Leben, damit der Gefahr der Entheiligung anheim fällt. Heiligung ist eine ganzheitliche Angelegenheit und muss sich deshalb schlechterdings auf alles beziehen. Der Glaubende betrachtet die Gesamtheit des Lebens als Gabe der göttlichen Liebe. Auch die alltäglichsten und natürlichsten Dinge wie Arbeit, Essen oder Sexualität sind ihm Gabe des liebenden Gottes. Umgekehrt ist ihm alles von Gott gegebene Aufgabe und Herausforderung, der er sich aufgrund der ihm zuteil gewordenen göttlichen Liebe stellen will, und es in der Kraft dieser Liebe auch kann. Heiligung bedeutet also letztlich, dass alles von Gottes Liebe durchdrungen werden soll. Aus diesem Grund sind Luther besonders heilige Bereiche oder Zeiten verdächtig.

Luthers Argumentation leuchtet ein. Dennoch hat er das Kind mit dem Bade ausgeschüttet. Denn religionspsychologisch gesehen bedarf der Mensch besonders ausgegrenzter und in diesem Sinn heiliger Zeiten, gerade weil es ihm um die Heiligung des ganzen Lebens geht. Als im Irdisch-Leiblichen verhaftete Wesen brauchen wir bestimmte Zeiten, um die Dimension der Heiligkeit einzuüben[14]. Wer für das Gebet keine festen Zeiten in seinem Leben reserviert hat, wird kaum dahin kommen, dass sein ganzes Leben zu einem Gebet wird. Gebet als Lebenshaltung setzt die Einübung des konkreten Gebets voraus. Wenn wir deshalb wollen, dass die Menucha unser ganzes Leben bestimmt und durchdringt, dann brauchen wir einen Tag in der Woche, um diese Menucha besonders zu feiern und einzuüben. Deshalb hat die deutliche Abgrenzung des Schabbat vom Alltag gerade nicht zum Ziel, beide Bereiche völlig voneinander geschieden zu halten. Unterscheiden, ohne zu scheiden, das ist die Aufgabe, mit der alles steht und fällt. Allein so kann der Schabbat den Alltag ganz bewusst und gezielt durchdringen und heiligen. Die Tage einer Woche sind leer und bedeutungslos, wenn sie ihr Licht nicht vom Schabbat her empfangen. Nicht umsonst werden auch noch heute in Israel die Tage auf den Schabbat hin gezählt.[15]

Heiligkeit und Heiligung hat in der Bibel immer mit Absonderung und Ausgrenzung zu tun. Aber gerade die Ausgrenzung dient paradoxerweise der Integration. Dies ist deshalb so, weil wir als Menschen noch mitten in einer unerlösten Welt stehen. Wollen wir die Welt und uns selbst heiligen lassen, d.h. alles wieder mit Gott einen, dann brauchen wir feste Orte, von denen aus dieser mühselige Prozess in Angriff genommen werden kann. Wer einen Sumpf trocken legen will, der darf nicht selbst im Sumpf stecken und ums Überleben kämpfen. Er braucht festen Grund unter den Füßen, so dass er sein Werk von einem bestimmten Standpunkt aus sinnvoll betreiben kann. Natürlich können sich heilige Zeiten verselbstständigen und so religiöser Schizophrenie Vorschub leisten. Um im Bild zu bleiben: natürlich kann es sich der Mensch auf dem festen und sicheren Boden, auf dem er steht, gemütlich machen und den Sumpf um sich herum vergessen. Doch dies ist ein Zeichen seiner eigenen Unerlöstheit und spricht nicht prinzipiell gegen heilige Zeiten.

Leben im Horizont des Schabbat –
von der Notwendigkeit spiritueller Einübung

Der Schabbat erinnert uns an das, worauf es im Leben eigentlich ankommt: an unsere Beziehung zu Gott, den Mitmenschen, die Schöpfung und – nicht zuletzt – an unsere „Beziehung zu uns selbst". Durch den Schabbat fragt uns Gott, ob wir diesen essentiell notwendigen Lebensdimensionen den nötigen Raum geben oder es bereitwillig in Kauf nehmen, wenn das Beziehungsgeflecht unseres Lebens immer mehr seine innere Spannkraft verliert.

Worauf also kommt es uns letztlich an? Auf unsere Leistungen und Produkte, auf ein reibungsloses Funktionieren oder auf ein Leben, das diesen Namen auch wirklich verdient? Ich kenne viele Menschen, die es sich zum obersten Ziel gemacht haben, etwas in diesem Leben zu „bewirken". Das klingt gut und verantwortungsvoll. Aber wie bewirken wir etwas? Indem wir nur noch durch die Gegend hetzen, um etwas „zu bewirken" oder dadurch, dass wir eine neue Lebensqualität in diese Welt hineinbringen? Jesus hat sein ganzes Leben lang keinen einzigen Satz publiziert. Er hat keinen religiösen Aktionismus propagiert, bei dem es nur noch um die Erreichung bestimmter „strategischer Ziele" geht und der einzelne außen vor bleibt. Er hat zu Lebzeiten keine Massenbewegung ins Leben gerufen, obwohl ihm das aufgrund seines charismatischen Talents keine großen Probleme bereitet hätte. Ganz im Gegenteil: Er ist als ein von den Menschen verachteter und zum Tode verurteilter Verbrecher aus dem Leben geschieden. Jesus hat einfach nur *sein* Leben gelebt, ist seiner (göttlichen) Bestimmung gefolgt, und hat gerade so etwas bewirkt. Es geht nicht um Quantität. Es geht um Qualität. Es geht nicht um ein „immer mehr", gleichgültig ob sich dies auf materielle oder geistig-ideelle Errungenschaften bezieht, es geht um ein neues Sein, um einen neuen Lebensstil. Der Schabbat ist die göttliche Einladung, die Dimension des Seins über die Dimension des Habens zu stellen. Gerade so werden wir unseren Teil dazu beizutragen, dass in der Welt etwas in Richtung Reich Gottes vor sich geht.

Doch worin zeigt sich diese neue göttliche Lebensqualität nun konkret? Was ist ihr hervorstechendstes Merkmal? Ich will es einmal so sagen: Sie zeigt sich darin, dass wir wieder beginnen, das Leben in all seiner Fülle und seinem Beziehungsreichtum zu genießen. Das Glück unseres Lebens hängt davon ab, ob wir es schaffen, das dankbar wahrzunehmen, was „um uns herum ist". Auf dieses „um uns herum" kommt es an. Nicht nur, weil es schön und unserer Bewunderung wert ist – was es zweifelsohne ist –, sondern weil es das Kleid ist, das sich der lebendige Gott angezogen hat, um uns zu begegnen. Wir leben nicht in einer „gottlosen Welt". Wir leben in einer Welt, die „gesättigt" ist mit Gott. Das Problem besteht einzig und allein darin, dass uns oft das Herz und die Sinne fehlen, um diese „Göttlichkeit" wahrzunehmen.

Da ist die Schönheit der Natur, die uns umgibt. Auch wenn wir nicht dauernd einen grandiosen Sonnenuntergang erleben, schon ein blühender Strauch am Wegesrand oder eine frische Brise morgendlicher Luft kann uns zu einem Hinweis auf die Herrlichkeit und Güte Gottes werden.

Da sind die Menschen, die uns täglich begegnen. Gott hat sie nicht geschaffen, damit wir sie instrumentalisieren und vor den Karren unserer oft so eigensüchtigen Interessen spannen. Er hat sie uns als Menschen mit eigenem Recht und eigener Würde an die Seite gestellt. Ein Hinweis auf den von Gott gewollten Umgang miteinander steckt in dem Wort „Person". Es kommt von dem lateinischen Wort „personare", das so viel heißt wie „durchtönen". Ganz in diesem Sinn, meine ich, sollen wir Menschen betrachten, als solche, durch die uns etwas entgegentönt: ihr individueller Reichtum, ihre Originalität, ihre Erfahrungen, ihre Stärken und Schwächen. Wir sollen uns bereichern lassen und ihnen gleichzeitig Anteil geben an unserem Reichtum. Wir sollen ihre Wunden verstehen lernen und unsere eigenen nicht verbergen. Mit anderen Worten: Wir sollen lieben. Wo wir das tun, da werden wir vielleicht auch erleben, dass uns durch den Anderen Gott entgegentönt, dass uns – etwas hochtrabend gesprochen – spontane Begegnungen im Alltag zu göttlichen Offenbarungen werden. Kennen wir das nicht? Dass wir in einer Begegnung plötzlich eine Dichte spüren, eine Nähe und Wärme, eine Intensität, die etwas durchaus Göttliches an sich hat? Haben wir es gelegentlich nicht sogar erlebt, dass uns ein Gespräch zu einem wegweisenden und weiterführenden Aha-Erlebnis wurde, dass es also geradezu prophetische Qualität bekam und wir plötzlich wussten, was zu tun und zu lassen ist? Abraham, so erzählt es das Alte Testament (Gen 18,1–15), hat drei fremde Männer freundlich bei sich aufgenommen. Doch in diesen Fremden kam Gott selbst zu ihm und hat ihm die Geburt eines Sohnes angekündigt. Alltägliche Erfahrungen als Gotteserfahrungen! Gewiss, das sind Höhepunkte, die nicht jeden Tag vorkommen. Aber selbst dort, wo wir uns „nur" bemühen, der Kassiererin im Supermarkt als Mensch zu begegnen, indem wir sie

bewusst und freundlich ansehen – und sie vielleicht zurück-
lächelt – bekommt unser Alltag „göttliche" Qualität.

Selbst die großen und auf den ersten Blick unangenehmen
Herausforderungen können auf ein anderes Niveau gehoben
werden, wenn wir sie nicht als üble und dunkle Schicksals-
schläge hinnehmen, sondern sie im Vertrauen aus Gottes
Hand nehmen, im Vertrauen darauf, dass Gott sich etwas
dabei gedacht hat. Da ist ein Gespräch, vor dem uns graut.
Aber wir wollen uns nicht von der Angst ins Boxhorn jagen
lassen, sondern entscheiden uns, es als etwas zu betrachten,
das irgendwie mit Gott zu tun hat. Wir bitte ihn um seinen
Segen, – und sind überrascht, wie sich die Dinge überraschend
zum Guten wenden. Klar, oft braucht es gerade bei schweren
Krisen lange, bis wir es schaffen, das Dunkle anzunehmen, es
aus einer göttlichen Perspektive zu betrachten. Manchmal
gelingt es uns vielleicht auch überhaupt nicht. Aber selbst dort
leben wir immer noch aus der Überzeugung, dass es in jedem
Dunkel einen Lichtfunken gibt. Dass wir ihn nicht sehen, das
macht uns traurig. Aber würden wir nicht irgendwie an den
verborgenen und nur Gott bekannten Sinn glauben, dann
könnten wir wahrscheinlich überhaupt nicht mehr leben.

Nein, diese Welt ist nicht gottlos. Gott hat sie sich zum
Medium erwählt, um uns zu begegnen. Sie ist nicht Gott. Sie
ist genau genommen auch nicht göttlich. Aber sie ist transparent, durchsichtig für Gott. Sie ist tatsächlich das Kleid, das
der Ewige sich angezogen hat, um uns zu begegnen. Deshalb
brauchen wir Augen zu sehen und Ohren zu hören. Wir brauchen eine achtsame Wahrnehmung. Wir brauchen Präsenz.
Genau dazu soll uns der Schabbat helfen. Er ist der uns von
Gott geschenkte Tag, um diese so dringend nötige Haltung der
Achtsamkeit zu erfahren und einzuüben.

Wenn ich stehe, dann stehe ich ...
Ein in der Meditation erfahrener Mann wurde einmal gefragt,
warum er trotz seiner vielen Beschäftigungen immer so gesammelt
sein könne.
Dieser sagte:
Wenn ich stehe, dann stehe ich,
wenn ich gehe, dann gehe ich,
wenn ich sitze, dann sitze ich,
wenn ich esse, dann esse ich,
wenn ich spreche, dann spreche ich ...
Da fielen ihm die Fragesteller ins Wort und sagten: Das tun wir
auch, aber was machst du noch darüber hinaus?
Er sagte wiederum:
Wenn ich stehe, dann stehe ich,
wenn ich gehe, dann gehe ich,
wenn ich sitze, dann sitze ich,
wenn ich esse, dann esse ich,
wenn ich spreche, dann spreche ich ...
Wieder sagten die Leute: Das tun wir doch auch.
Er aber sagte zu ihnen:
Nein, wenn ihr sitzt, dann steht ihr schon,
wenn ihr steht, dann lauft ihr schon,
wenn ihr lauft, dann seid ihr schon am Ziel ...

**Spirituelle Übung als Weg zu einem „schabbatlichen" Lebens-
stil ...** Vielleicht werden Menschen, die aus dem Glauben
heraus leben, mir beipflichten, wenn ich die Bedeutung der
Achtsamkeit für unser spirituelles Leben in den Mittelpunkt
rücke. Die Frage ist nur, ob diese Zustimmung etwas austrägt,
ob sie uns nachhaltig verändert. Bezogen auf mein eigenes
Leben weiß ich jedenfalls, dass das Entscheidende nicht die
Erkenntnis ist, die ich im Kopf habe. Die entscheidende Frage

ist immer, ob es mir gelingt, eine neue innere Haltung zu entwickeln. Eine solche finde ich meist aber nur durch „leibliche" Übung. Damit sind keine gymnastischen Übungen gemeint, jedenfalls nicht zwingend, sondern Übungen, die in der leiblichen Sphäre meines Lebens ansetzen und in die innersten Bereiche meines Lebens hinein ausstrahlen. Sie gehen im wahrsten Sinn des Wortes „durch mich" hindurch und sorgen dafür, dass eine Haltung „verinnerlicht" und damit zu einer neuen Lebenshaltung wird. Fulbert Steffensky, einer der wichtigsten spirituellen Autoren unserer Gegenwart, betont in diesem Zusammenhang immer wieder, dass wir unser Leben nicht nur „von innen nach außen", sondern auch „von außen nach innen" leben[16].

„Von innen nach außen", das wäre die im traditionellen Protestantismus dominante Richtung. Eine Ansicht, die davon ausgeht, dass die wichtigen Entscheidungen im Inneren des Menschen fallen, in seinem Herzen oder Kopf, und sie sich erst in der Folge in seiner äußeren Lebensgestaltung auswirken. Ich habe eine bestimmte Einsicht, z.B. dass ich zu dick bin, und dann ziehe ich die Konsequenzen daraus, indem ich eine mehr oder weniger wirkungsvolle Diät mache und zügellos Sport treibe. Manchmal geht man bei diesem Modell – vor allem im theologischen Bereich – auch von einem gewissen Automatismus aus, nach dem Motto: Wenn im Inneren die Weichen durch den Glauben an Gott richtig gestellt sind, dann wird auch im Äußeren alles richtig laufen. Volkstümlich formuliert: „Wes des Herz voll ist, des geht der Mund über". Lassen wir einmal offen, ob man immer von einem solchen Automatismus ausgehen darf, fest steht jedenfalls, dass in diesem Modell Verhaltensänderung immer im Personzentrum des Menschen beginnt und sich dann in die leibliche, alltägliche und gesellschaftliche Sphäre hinein auswirkt. Wie ein ins

Wasser fallender Stein zahllose Kreise aus sich heraussetzt, so auch der gute Impuls, der in der Mitte unseres Herzens ankommt. Biblisch formuliert: Bekehrung geschieht von innen nach außen. Berufen kann man sich dabei auf Jesus selbst, der das Verhältnis von Person und Werken so bestimmt hat, dass die Person eindeutig die Priorität hat: „Ein (von innen her) guter Baum kann nicht schlechte Früchte bringen und ein (von innen her) fauler Baum kann nicht gute Früchte bringen." (Mt 7,19) Aber auch Paulus geht einen ähnlichen Weg, zum Beispiel wenn er in Röm 12,2 sagt: „Gleicht euch nicht dieser Welt an, sondern wandelt euch und *erneuert euer Denken,* damit ihr prüfen und erkennen könnt, was der Wille Gottes ist, was ihm gefällt, was gut und vollkommen ist." Die inhaltliche Tendenz geht bei all diesen Formulierungen in die gleiche Richtung: Der archimedische Punkt, von dem her die Welt aus den Angeln gehoben werden kann, ist unser Personzentrum. In dieser Linie steht natürlich auch Martin Luther, der auf der Basis der paulinischen Rechtfertigungslehre den (inneren) Glauben den (äußeren) Werken vorordnet.

So einleuchtend dieses Modell auf den ersten Blick erscheint, es stellt nicht die ganze Wahrheit dar. Natürlich steht am Anfang einer wirklichen Verhaltensänderung meist ein innerer Impuls, und dort, wo es um den Glauben geht, ein göttlicher Impuls. *Dann* aber kommt es auch darauf an, dass *wir* durch Rituale, Gewohnheiten und konkretes Verhalten eine Form schaffen, die dem inneren Impuls entspricht und dafür sorgt, dass unser Leben dauerhaft und wirkungsvoll umgestaltet wird. Damit sind wir beim Zweiten: Wir leben unser Leben von außen nach innen. Wie wahr dieser Satz ist, kann jeder bestätigen, der schon einmal erlebt hat, wie schnell rein Äußeres unseren inneren Gemütszustand verändern kann. Ich bin schlechter Laune und versuche durch alle möglichen und unmöglichen Formen innerer Arbeit meinen „schlechte Laune-Dämon" zu vertreiben. Aber was ich auch unternehme, es wird nur noch schlimmer. Schließlich treibe ich, weil mir nichts mehr Besseres einfällt, eine Stunde Sport, und – Wunder über Wunder – ich fühle mich wie ausgewechselt und kann das Leben wieder gelassen und heiter angehen. Natürlich weiß ich, dass durch den Sport bestimmte glücklich machende Endorphine in meinem Körper ausgelöst werden, und ich nur deshalb danach besser gelaunt bin. Aber das ist es ja gerade: Ein paar chemische Stoffe können etwas „in mir" bewirken. Ähnlich ist es bei der Meditation, und jeder, der ein wenig meditiert, weiß dies. Eine bewusst eingenommene Körperhaltung wirkt sich auf Geist und Seele aus, bringt mich innerlich in eine andere Haltung und kann so eine Hilfe sein, wenn ich innerlich zur Ruhe kommen und mich auf Gott ausrichten will. Ähnlich ist es mit zeitlichen Rhythmen und Ritualen: Sie können, wenn sie inhaltlich gefüllt sind und regelmäßig praktiziert werden, das Leben eines Menschen in wohltuender Weise beeinflussen. Das kann man selbst dort noch wahrnehmen, wo ein Fest oder Ritual im Laufe der Zeit einen ambivalenten Charakter angenommen hat. Ich denke z.B. an das Weihnachtsfest, das restlos kommerzialisiert und verkitscht wurde, aber nach wie vor Zielpunkt unendlich vieler Sehnsüchte ist. Selbst säkulare Menschen, die Gott längst aus ihrem Leben entsorgt haben, können sich an diesem Fest manchmal einer gewissen Rührung nicht enthalten. All das, was vor und an Weihnachten selbst in Szene gesetzt wird, schafft in Menschen eine bestimmte Disposition, erweckt in ihnen die Sehnsucht nach einem Leben, das mehr ist als bloßes Funktionieren, nach einem feierlichen Leben, nach einem Leben, auf dem ein göttlicher Glanz liegt, nach einem Leben in Harmonie und Freude. Natürlich ist die Enttäuschung umso größer, wenn die

Erwartungen einmal mehr nicht erfüllt wurden und deshalb vielen am Ende alles nur noch schal und leer vorkommt. Aber ohne das Fest hätten sie wahrscheinlich nicht einmal mehr die Sehnsucht. Das beeindruckendste Phänomen unserer Tage, an dem die erstaunliche Wirkung des Außen auf das Innen deutlich wird, ist für mich das Pilgern, besonders natürlich das Pilgern nach St. Jakob de Compostella. Tausende Menschen machen sich Jahr für Jahr auf den Weg, gehen einen äußeren Weg und machen dabei die Erfahrung, dass der äußere Weg zum inneren Weg wird und sie als veränderte Menschen in ihren Alltag zurückkehren.

Mit all dem ist eines klar: Es genügt nicht, sich mehr Achtsamkeit in seinem Leben zu wünschen. So wichtig ein solcher Impuls auch ist, er wird schnell verpuffen, wenn es uns nicht gelingt, ihn in eine Lebensform zu übersetzen, die uns in der Tiefe unseres Personseins verändert. Das „Leben von innen nach außen" bedarf der Ergänzung durch das „Leben von außen nach innen". Wir brauchen Zeiten, in denen wir die so dringend nötige Achtsamkeit neu einüben; Zeiten, in denen wir erfahren, dass unser Leben verdanktes Leben ist, weit mehr als das, was wir selbst schaffen und produzieren können; Zeiten, in denen wir uns so geborgen und aufgehoben fühlen, getragen von Gott und verwurzelt in unserem Seelengrund, dass wir uns wieder heiter und gelassen dem „um uns herum" zuwenden können. Solche Zeiten können kleine Pausen im Alltag sein. Solche Zeiten können unsere Urlaube sein. Solche Zeiten können Wanderungen und Pilgerwege sein. Hape Kerkeling hat seinen Bestseller, in dem er seinen Pilgerweg nach Santiago beschreibt, „Ich bin dann mal weg" genannt. Ein genialer Titel. Denn wie immer unsere Auszeiten auch beschaffen sind, Hauptsache sie helfen uns, „einmal weg zu sein", *weg* von unserem anstrengenden und oft nervigen

Alltag, und *dort,* wo wir wieder die Hoffnung haben, zu einem bewussten Leben zu finden. Dieses „weg sein" ist sogar Gott wichtig, wenn er an uns Menschen denkt. Es ist ihm so wichtig, dass er uns geradezu befiehlt, zumindest einmal in der Woche „weg" zu sein. Er verschreibt uns einen regelmäßigen Kurz-urlaub von einem Tag, um uns vor dem Burn-out-Syndrom zu schützen. Er hat uns dieses Gebot also nicht gegeben, um uns eine Last aufzuerlegen, sondern um uns zu „ent-lasten". Wenn das Ganze unter die Kategorie Gebot fällt, dann nur deshalb, weil Gott weiß, dass wir ab und zu solche klaren Weisungen brauchen. Aber es sind Weisungen, die ihren Ursprung in seiner Güte haben. Gott ist wie ein Chef, der seinem Unterge-benen befiehlt, einmal richtig Urlaub zu machen, weil er sieht, dass dieser sich dauernd zu viel auflastet. Er ist wie ein Arzt, der seinem Patienten eine Kur verordnet, weil er nicht mehr länger dabei zuschauen will, wie diesem zunehmend Kräfte und Gesundheit abhanden kommen. Der einzige Unterschied besteht darin, dass Gott uns eine *wöchentliche* Kurzkur ver-schreibt. Vielleicht deshalb, weil er weiß, dass wir nur dann zu einer Haltung heiterer Gelassenheit – man könnte auch sagen, zu einem schabbatlichen Lebensstil – finden, wenn wir regel-mäßig üben. Gott setzt darauf, dass die kontinuierliche Übung eine ganz eigene psychologische und spirituelle Dynamik in unserem Leben hervorbringen wird, so dass aus arbeitsbesses-senen Wichtigtuern doch noch befreite Menschen werden. Vielleicht sind es am Anfang ja wirklich nur kurze Momente, die uns erahnen lassen, dass es noch etwas anderes gibt als un-sere dauernde Betriebsamkeit. Aber immerhin: Die Ahnung ist bereits da, und als solche ist sie das „Angeld der Verheißung" und macht uns hoffentlich auch Lust, den begonnenen Weg weiter zu gehen. Ich bin jedenfalls fest davon überzeugt: Wer immer wieder die Willensanstrengung auf sich nimmt, den

Alltag in einem klar begrenzten zeitlichen Rahmen abzuweisen, der wird mit der Zeit merken, dass dadurch etwas Neues in sein Leben hineinkommt – dass aus dem anfangs mühsam geschaffenen Leerraum ein gefüllter Raum wird.

Es geht also nicht um ein formales Ableisten irgendwelcher Riten und Gebote. Es geht darum, etwas im Vertrauen darauf zu tun, dass Gott selbst es mit seiner Wirklichkeit durchdringt und uns so zu neuen Ufern führt. Es liegt nicht in unserer Hand, dass dies sofort geschieht. Aber Gott hat versprochen, sich uns zu schenken, wenn wir nicht zu schnell aufgeben, sondern leidenschaftlich und geduldig suchen, fragen und anklopfen. Schließlich ist er es, der uns in Liebe begegnen und unser Leben heilsam verändern will. Es ist das Paradox jeder echten Spiritualität: Wir können Gotteserfahrung nicht machen und wir können uns selbst auch nicht ändern. Aber wir können Gottes Weisung ernst nehmen und ihm so den Weg in unserem Leben bereiten. Deshalb haben bestimmte Rituale und Bräuche eine so große Bedeutung für unsere Spiritualität. Sie sind wie Kanäle, durch die Gott sein lebendiges Wasser in unser Leben hinein leiten will. Sie sind nicht das Wasser. Sie sind nur Leitungen. Aber indem wir sie anlegen, zeigen wir Gott, dass wir uns das neue Leben von ganzem Herzen wünschen. Und dieses Wünschen ist für Gott ungeheuer wichtig, da er nichts an uns tut, ohne dass wir es wollen. Im Unterschied zu uns Menschen zwingt und vergewaltigt Gott niemand.

Mit all dem will ich nicht ausschließen, dass die von uns praktizierten Formen wie der regelmäßig gefeierte Ruhetag auch zu leeren, inhaltslos gewordenen Hüllen werden können. Aber selbst dort, wo dies der Fall ist, können sie noch immer eines sein: Platzhalter für eine Wahrheit, die vielleicht nicht jetzt, aber irgendwann auch für uns wieder ihre Zeit haben wird.

Vom Schabbat zum Sonntag

Wenn wir uns nach einer heilsamen Unterbrechung sehnen und eine solche in Form eines konsequent gelebten freien Tages gern in unser Leben einbauen würden, dann stellt sich die Frage, welcher Tag dafür in Frage kommt. Nun würden viele Christen darauf wohl antworten: „Das ist doch keine Frage. Für Juden ist der freie Tag der Schabbat, für uns Christen ist es eben der Sonntag. Vielleicht haben wir ein wenig vergessen, diesen Tag als Ruhetag zu begehen und sollten hier deshalb manches neu vom Judentum lernen. Aber da der wöchentliche Feiertag in unserer christlich geprägten kulturellen Tradition nun einmal der Sonntag ist, empfiehlt es sich natürlich auch beim Sonntag zu bleiben." Diese pragmatische Argumentation leuchtet ein, aber eben nur dann, wenn der Sonntag auch wirklich die gleiche inhaltliche Ausrichtung hat wie der Schabbat. Man kann einen Feiertag ja nicht einfach umkrempeln. Der Karfreitag ist wenig geeignet für Freudentänze und das Osterfest ist immun gegen Trauer und Trübsal. Wenn nun der Sonntag einen ganz anderen Inhalt haben sollte als der Schabbat, dann bliebe nur noch eines übrig: gleich ganz auf den Schabbat umzusteigen. Aber auch das wäre schwierig. Nicht nur, weil wir nun einmal keine Juden sind und Juden eine solche Praxis als christliche Vereinnahmung kaum akzep-

tieren würden, sondern auch, weil aufgrund der immer noch
vorhandenen Verankerung des Sonntags in unserer christlich
geprägten abendländischen Kultur ein solches Unternehmen
alles andere als realistisch sein dürfte. Es ist deshalb eine für
unser Anliegen durchaus entscheidende Frage, ob der Sonntag
mit dem Ruhegedanken des Schabbat verträglich ist. Überlegen wir deshalb gut, was Schabbat und Sonntag miteinander
zu tun haben.

Auf den ersten Blick herzlich wenig! Das inhaltliche Zentrum des Schabbat ist die Menucha, die Ruhe und Harmonie,
in die der jüdische Mensch eintauchen soll, um inmitten aller
Entfremdung ein Stück Heil und Heilung zu erfahren. Das
inhaltliche Zentrum des christlichen Sonntags dagegen war
von Anfang an Jesus Christus, den Gott nach dem Zeugnis des
Neuen Testaments am ersten Tag der Woche von den Toten
auferweckt hat (1Kor 16,2; Apg 20,7; Offb 1,10). Aber nicht nur
die Inhalte, auch die Art und Weise, wie man den Schabbat
bzw. den Sonntag konkret begeht, waren – zumindest in den
ersten drei Jahrhunderten – grundverschieden. War die Arbeitsruhe am Schabbat von Anfang an obligatorisch, so war der
Sonntag im Neuen Testament ein ganz normaler Arbeitstag,
wenn auch dadurch hervorgehoben, dass man in einer gottesdienstlichen Feier am frühen Sonntagmorgen oder am Abend
der Auferstehung des Herrn gedachte. Erst im 4. Jahrhundert
wurde der Sonntag durch Kaiser Konstantin in den Rang eines
offiziellen Ruhetages erhoben. Daran haben wir uns inzwischen gewöhnt, was aber noch lange nicht heißen muss, dass
die Maßnahme des Konstantin sinnvoll war. Vom Ursprung
her scheinen Schabbat und Sonntag jedenfalls erst einmal
ziemlich beziehungslos nebeneinander zu stehen. Aber vielleicht ist diese Einschätzung ja auch falsch, vielleicht zeigt sich
auf den zweiten Blick, dass Sonntag und Schabbat doch mehr

miteinander zu tun haben. Wenden wir uns also mutig dieser Frage zu und überlegen wir zuerst, wie Jesus selbst zum Schabbat stand. Er ist ja das Zentrum einer jeden Sonntagsfeier.

Jesus und der Schabbat   Jesus war Jude. Es war für ihn selbstverständlich, den Schabbat zu halten, und wie wir bereits sahen, war er im Prinzip auch damit einverstanden, dass man den Schabbat klar vom Alltag abgrenzte. Dennoch ist auffällig, dass Jesus immer wieder am Schabbat heilte und damit gewaltige Konflikte mit den jüdischen Autoritäten auslöste. Unbedingt nötig waren diese Heilungen ja nicht. In keinem Fall befanden sich Menschen in Lebensgefahr, was zumindest nach heutiger und vielleicht auch schon damaliger jüdischer Vorstellung eine Heilung am Schabbat gerechtfertigt hätte. Jesus hätte seine Heilungstaten ohne Probleme auf den nächsten Tag verschieben können. Viele Juden werden sich deshalb gefragt haben, warum er immer wieder am Schabbat als Heiler „arbeitete" und so die religiösen Autoritäten (unnütz) provozierte. Eines scheint jedenfalls deutlich: Seine Schabbatheilungen waren kein Zufall. Jesus wusste, was er tat. Wenn es sich aber tatsächlich um bewusste Provokationen bzw. Inszenierungen gehandelt hat, dann waren diese so etwas wie „Zeichenhandlungen". So nennt man besondere, nicht selten ungewöhnliche Aktionen, durch die die Boten Gottes in biblischer Zeit die Aufmerksamkeit der Zuhörer erregen wollten. Viele Propheten des Alten Testaments bedienten sich dieser medial wirkungsvollen Verkündigung. Sie liefen nackt durch die Stadt, legten sich ein Joch auf die Schulter, zerschlugen Töpfe oder machten irgendetwas anderes Verrücktes, um Menschen aus ihrer Lethargie und Gleichgültigkeit aufzuwecken und ihnen eine bestimmte göttliche Botschaft mitzuteilen. Was also war die Botschaft Jesu?

Wir haben gesehen, dass im nachbiblischen Judentum der Schabbat als eine kleine Vorwegnahme der messianischen Zeit verstanden wurde. Inzwischen ist bekannt, dass eine solche messianische Interpretation bereits zur Zeit Jesu möglich war[17]. Wenn nun bereits damals der Schabbat als Symbol für die letzte messianische Vollendung und Heilung des Menschen und der ganzen Welt verstanden werden konnte, dann wollte Jesus mit seinen Schabbatheilungen vermutlich sagen: „Die messianische Zeit steht vor der Tür, meine Heilungen sind die ersten Vorboten und ich werde in dem, was Gott demnächst tun wird, die entscheidende Rolle spielen."[18] So betrachtet finden die Heilungen Jesu am Schabbat ihren organischen Platz. Jesus heilt bewusst provozierend am Schabbat, weil er deutlich machen will, dass die letzte Heilung und Vollendung alles menschlichen Lebens schon jetzt beginnt, und zwar durch ihn. So wie die ersten Frühlingsblumen ankündigen, dass der Winter bald vorbei sein wird, so sollen die Taten Jesu bekräftigen, dass bald das große göttliche Frühlingserwachen um sich greifen wird, das in der Sprache der damaligen Zeit „Reich Gottes" hieß. Am Ende, wenn Gott sein Reich errichtet haben wird, wird es keinen Schabbat mehr geben, aber nicht, weil der Schabbat bedeutungslos wäre, sondern weil es keinen Alltag mehr geben wird, der die Feier eines Schabbat notwendig machen würde. Dann wird alles vom Geist des Schabbat durchdrungen sein, so dass man im Prinzip auch sagen kann: Dann wird alles Schabbat sein. Der wöchentlich gefeierte Schabbat ist eine Vorwegnahme des Endgültigen. Ist jedoch das Endgültige da, dann ist die Zeit des Vorläufigen vorbei. Jesus sah sich als das Bindeglied, durch den aus dem wöchentlich gefeierten Schabbat der umfassende Schabbat werden soll. Er sah sich als den Anfänger und Vollender der mit dem Schabbat verbundenen messianischen Verheißungen. So hat der Schabbat zwar noch seine Bedeutung, aber da der ewige Schabbat vor der Tür steht, rückt der wöchentlich gefeierte Schabbat dadurch in die zweite Reihe.

Jesus Christus: ein Leben im Geist des Schabbat Wenn Jesus sich als der Anfänger und Vollender der mit dem Schabbat verbundenen messianischen Verheißungen verstand, dann muss er auch als Person derjenige sein, durch den die Menucha des Schabbat in die Welt hinein strahlt. Er muss die Menucha verkörpern, damit er auch anderen daran Anteil geben kann. Sehen wir uns das Beziehungsgefüge, in dem Jesus lebte, deshalb etwas genauer an. Prüfen wir selbst, ob wir in ihm die Menucha aufleuchten sehen, die uns vom Schabbat her vor Augen steht.

Die menschliche Grundbeziehung ist, wie wir sahen, die Gottesbeziehung. Betrachten wir diese bei Jesus, dann kann man sagen: Gott war die innerste und entscheidende Mitte dieses Menschen. Wie die Planeten unseres Sonnensystems um die Sonne kreisen, von der sie all ihr Licht empfangen, so war Gott die Lichtquelle, aus der Jesus schöpfte, von der er sich bescheinen ließ und die seinem Leben einen einzigartigen Glanz gab. Die Worte und Taten Jesu bezeugen, dass Jesus in einem einzigartigen Gottesverhältnis stand, dass er sich wie kein zweiter von Gott geliebt und berufen wusste. Die Mystiker würden sagen: Er war eins mit Gott. Und die Dialogphilosophen würden ergänzen: Dennoch war und blieb Gott ihm ein liebendes Gegenüber, ein innig vertrautes Du. Noch einmal anders ausgedrückt: Jesus lebte aus der Gewissheit heraus, dass Gott auf seiner und er auf der Seite Gottes steht. Deshalb sprach er Gott mit dem intimen „Abba" an, was so viel wie Vati oder Papa heißt. Deshalb unterschied er zwischen seinem Gottesverhältnis und dem Gottesverhältnis der Jünger. Aufgrund dieser einzigartigen Gottesbeziehung konnte er auch – wie Gott – Sünden vergeben und für seine Toraauslegung göttliche Autorität in Anspruch nehmen. Hier ist der Mensch, der ganz und gar aus Gott lebte und der deshalb Gott verkörpern, zur Offenbarung Gottes an uns werden konnte. Wie uns durch die gläsernen Scheibe einer Laterne das Licht entgegen leuchtet, so leuchtet uns durch sein Menschsein Gott entgegen und weist uns den Weg aus existentieller Verlorenheit, hin zu einem erfüllten Leben.

Aus dieser einzigartigen Gottverbundenheit bezog Jesus sein Selbstvertrauen, seine Souveränität und Vollmacht, auch seine einzigartige Freiheit und Unabhängigkeit von Menschen. Ist es nicht erstaunlich, mit welcher Freiheit Jesus Menschen die Wahrheit ins Gesicht sagen konnte, wie unabhängig er von den Sympathien und Beifallskundgebungen der anderen war, wie wenig er den Konflikten – auch mit der eigenen Familie (Mk 3,20f) – aus dem Weg ging, wie er selbst noch vor Pilatus – als alle ihn verlassen hatten – Rückgrat hatte und ohne Menschenfurcht die Dinge beim Namen nennen konnte? Wie anders ist das bei uns „normalen" Menschen. Oft verbiegen wir die Wahrheit, oft sind wir uns und unserem innersten Auftrag untreu. Und das alles nur, weil wir von der Liebe und der Anerkennung der anderen sklavisch abhängig sind bzw. uns davon abhängig gemacht haben. Der Nazarener brauchte diese Formen menschlicher „Anerkennung" und „Liebe" nicht, weil ihm die Liebe Gottes genug war. Sie gab ihm die nötige Ichstärke, gab ihm die innere Zufriedenheit und – wenn man so will – auch das innere Glücksempfinden, ohne das kein Mensch leben kann. Jesus brauchte nichts, weil er alles in sich hatte. Auch unsere anderen menschlichen Krücken – Prestige, Macht, Einfluss und materiellen Besitz – brauchte er nicht. Er hatte es nicht nötig, dadurch ein schwaches Selbstwertgefühl zu kaschieren. Kurz: Jesus definierte sich nicht durch das, was er hatte, sondern durch das, was er war. Er war ein Mensch des Seins und nicht des Habens. Er sah sich im Lichte Gottes, und das, was er in diesem Lichte sah, machte ihn froh und dankbar.

Die Gottesbeziehung hat es Jesus nicht nur ermöglicht, sich selbst anzunehmen. Sie hat ihm auch die Kraft gegeben, anderen im Geist der göttlichen Liebe zu begegnen. Es ist das besondere Geheimnis Jesu, dass Menschen von seiner Zuwendung so tief berührt wurden, dass sie darin die göttliche Liebe erfuhren. Viele wurden von ihren Traumata und Verletzungen geheilt. Viele erfuhren Vergebung. Und selbst dort, wo es zu keiner letzten Heilung kam, konnten sie ihr Leben im Licht der göttlichen Liebe besser bewältigen und neu Hoffnung schöpfen. Diese enorme Liebeskraft Jesu ist alles andere als selbstverständlich, vor allem wenn man sich vor Augen hält, dass Jesus wie kein anderer immer wieder die abgrundtiefe Bosheit der Menschen erleben und erleiden musste. Wie hat er es nur geschafft, am Kreuz auch noch denen zu vergeben, in deren Augen sich nur Hass und Kälte spiegeln? Dass ihm diese Liebe zu den Menschen immer eine unhinterfragbare Selbstverständlichkeit war, wird man so ungebrochen ja nicht sagen können. Zu häufig sprechen die Evangelien von Zorn und Enttäuschung. Zu lieben fiel also auch Jesus anscheinend nicht immer leicht. Dennoch ist er im Letzten an der Bosheit der Menschen nicht gescheitert. Ich habe keine andere Erklärung als die, dass er es eben doch immer wieder schaffte, zur göttlichen Quelle in sich zurückzukehren, um so durch das unansehnliche Äußere der Menschen „hindurch" zu sehen. Jesus sah mit den Augen des Glaubens, sah, was einer werden kann, wenn er sich die Liebe Gottes gefallen lässt. Jesus glaubte an die schöpferische Kraft der göttlichen Liebe. In dieser Gewissheit bemühte er sich, das Potential zu erwecken, das in jedem

Menschen schlummert. Jesus schickte unablässig Lichtstrahlen aus, in der Hoffnung, dass diese endlich reflektiert würden. Selbst dort, wo er den Eindruck hatte, dass alles in einem schwarzen Loch verschwindet, konnte er nicht aufhören zu leuchten. Vielleicht war es gerade diese Geduld, die ihm den Ruf einbrachte, ein „Freund der Zöllner und Sünder" zu sein.

Schließlich zeigt sich das heile Beziehungsgefüge, in dem Jesus lebte, darin, dass er ein Naturmystiker ersten Ranges war. Seine Gleichnisse lassen erkennen, dass die Natur für ihn nicht einfach Natur war, im Sinne von etwas selbstverständlich Gegebenem, sondern die von Gottes Liebe und Herrlichkeit durchdrungene Schöpfung. An ihr kann der Mensch – zumindest der, „der Augen hat zu sehen" – Gottes Güte und Freundlichkeit ablesen und wieder neu Vertrauen fassen. „Seht die Vögel unter dem Himmel an: sie säen nicht, sie ernten nicht, sie sammeln nicht in die Scheunen; und euer himmlischer Vater ernährt sie doch. Seid ihr denn nicht viel mehr als sie?" (Matthäus 6,26) Jesus hatte einen Blick für die Schönheit des Seins, weil er selbst ein Mensch des Seins war.

Man kann all das auch noch einfacher sagen: Jesus lebte aus der göttlichen Liebe, und diese Liebe gab ihm die Kraft, alles im Licht der göttlichen Liebe zu sehen: sich selbst, die Mitmenschen, ja die ganze Schöpfung. Man sagt manchmal: Ein gläubiger Mensch sieht keine andere Wirklichkeit, aber er sieht anders. Das stimmt und stimmt nicht. Denn durch den Blick des Glaubens verändert sich die Wirklichkeit. Sie wird aus sich herausgelockt, hin zu Gott, hin zu ihrer eigentlichen Bestimmung. Genauer müsste man deshalb sagen: Ein gläubiger Mensch sieht keine andere Wirklichkeit, aber er sieht sie anders, und dadurch, dass er sie anders betrachtet, verändert sie sich auch. So kann man sich Jesus wie einen guten Zauberer vorstellen, der über eine vereiste Landschaft wandert, auf der seit Urzeiten ein schlimmer Fluch liegt. Jesus sieht, wie diese Landschaft eigentlich aussehen könnte. Er sieht grüne Wiesen mit einer bunten Blumenpracht. Er hört die Bäche rauschen und die Vögel singen. Er sieht und liebt gegen die kalte und raue Wirklichkeit an, solange, bis das Eis schmilzt. Er hat die visionäre, er hat die göttliche Kraft der Verwandlung. Er will, dass überall dort, wo grauer und trister Alltag herrschen, der Geist des Schabbat, der Geist des Festes und der Freude um sich greifen. Deshalb ist die Zeit Jesu nicht die Zeit, um zu fasten und zu trauern. Es ist Freudenzeit. Es ist eine Zeit, wo Wasser zu Wein wird, wo festliche Gelage gehalten werden und alle dazu eingeladen sind.

So ist Jesus der personifizierte Schabbat, durch den der Geist des Schabbat auch auf andere ausstrahlt. Der Schabbat hat also eine Metamorphose durchgemacht. Er ist jetzt nicht mehr nur ein Tag, ein Raum in der Zeit, sondern zumindest auch, vielleicht sogar ganz wesentlich, eine Person. Eine Person, die das Geheimnis des Schabbat bereits vollkommen lebt und die deshalb den Geist des Schabbat auch um sich verbreiten kann. Aus einem heilenden Tag wird ein heilender Mensch.

Hat Jesus den Schabbat abgeschafft? Wenn man so argumentiert, wie ich es eben getan habe, dann ist eine Folge schnell gezogen: Jesu ganzes Wirken zielt letztlich auf die Abschaffung des wöchentlich gefeierten Schabbat. Doch ist es wirklich so einfach? Es wäre so einfach, wenn wir nur die göttliche Seite in Jesus betrachten würden. Diese göttliche Seite braucht nichts und niemanden: Sie hat sozusagen alles in sich. Sie ist ganz und gar Schabbat. Aber, und dieses „aber" kann nicht deutlich genug unterstrichen werden: Jesus war auch Mensch, und selbst wenn wir Christen ihn als vollkommenen

Menschen betrachten, bedeutet Vollkommenheit nicht, dass Jesus keine Anfechtungen kannte. Nicht umsonst sprechen die Evangelien von Versuchungen und führen uns damit vor Augen, dass auch Jesus innerlich kämpfen musste, um seinen Weg zu finden und sich in der harten Wirklichkeit des Lebens zu bewähren. Im Klartext: Auch Jesus wird es immer wieder gereizt haben, sich im Beifall der Menschen zu sonnen, eine prestigeträchtige Karriere anzustreben oder einen Menschen zu hassen. Man kann nicht von Versuchungen reden und dann so tun, wie wenn Jesus die Versuchung nicht wirklich gereizt und gelockt hätte, also kein ernsthaftes Begehren gewesen wäre. Dann wäre Jesu Leben kein wirklich menschliches Leben gewesen, sondern ein unwürdiges frommes Theater. Jesu Vollkommenheit bestand nicht darin, dass ihm als Gottes Sohn alles in den Schoß fiel, sondern dass Gott in geheimnisvoller Weise in ihm präsent war und er so im Unterschied zu uns immer wieder den Mut und die Kraft hatte, seine Stärke und sein Glück allein in Gott zu suchen. Allein so war es möglich, dass bei ihm aus der Versuchung zur Sünde keine wirkliche Sünde wurde. In den Worten des Hebräerbriefes: „Jesus wurde in allem versucht wie wir, doch ohne Sünde." (Hebr 4,15) Das ist gemeint, wenn wir vom wahren Menschsein Jesu, wenn wir von seiner Vollkommenheit reden.

Wenn es nun aber stimmt, dass Jesus selbst immer wieder darum ringen musste, in Gottes Liebe zu bleiben, aus Gott heraus sein Leben zu leben, dann hat er wie jeder Mensch auch Zeiten des Rückzugs gebraucht: Zeiten, in denen er wieder zu seinem Gott und sich selbst zurückfinden konnte. Genau das ist es, was die Evangelien uns berichten. Nach dem Markusevangelium war Jesus so in Beschlag genommen von seiner charismatischen Heilungstätigkeit, dass ihm kaum noch Luft zum Atmen blieb. Deshalb zog er sich immer wieder am Abend oder am frühen Morgen zurück, um im Gebet Ruhe und neue Kraft zu finden (Mk 1,35–39). Haben wir das schon einmal wirklich bedacht? Auch Jesus, der in einer einzigartigen Weise von Gott herkam und aus dem Geheimnis Gottes heraus lebte, brauchte den Rückzug und die Stille, musste sich immer wieder darum mühen, das rechte Verhältnis von Aktion und Kontemplation zu finden. Bezogen auf unser Thema bedeutet dies: Er, der als Person den Schabbat verkörpert und den Geist des Schabbat in die Welt hinausträgt, braucht als Mensch in der Zeit, selbst den Schabbat: als Rückzugsort, um immer wieder neu aus der Quelle zu schöpfen, die das innerste Zentrum seines Lebens bildet. Von einer Abschaffung des Schabbat durch Jesus kann also nicht die Rede sein. Solange die Erde sich um die Sonne dreht, solange es Saat und Ernte, Morgen und Abend, Tag und Nacht gibt, solange bedarf es eines abgegrenzten Tages, um das Geheimnis der Erlösung zu bewahren und zu hüten. Erst wenn das Reich Gottes vollkommen da ist, dann ist der Schabbat obsolet. Freilich: Dieses Kommen des göttlichen Reiches hat Jesus in allernächster Nähe erwartet.

Ein Leben zwischen den Zeiten So lebte Jesus ganz in dieser Welt, war aber davon überzeugt, dass Gott diese Welt bald radikal erlösen wird. Dieses Leben zwischen den Zeiten erklärt, dass er den Schabbat ehrte und heiligte, gleichzeitig aber auf ein Ziel ausgerichtet war, das weit über den wöchentlich gefeierten Schabbat hinausführt. Wäre alles so gekommen, wie Jesus es erwartet hat, dann wäre mit dem endgültigen Kommen des göttlichen Reiches auch die Unterscheidung von Alltag und Schabbat bedeutungslos geworden. Doch es kam anders, und das Ergebnis bestand darin, dass letztlich auch wir Christen immer noch zwischen den Zeiten leben. Was geschah?

Am Ende seines Lebens stand nicht die endgültige Etablierung des göttlichen Reiches, sondern das Kreuz. Dieses Kreuz schien Jesu Erwartung einer radikalen und universalen Erlösung der Schöpfung endgültig zu widerlegen. Und tatsächlich: Wäre die Kreuzigung der Schlusspunkt seines Lebens gewesen, dann hätte es nie ein Christentum gegeben. Doch es kam anders.

Gott hat den gekreuzigten Jesus auferweckt und dadurch ihn und seine Botschaft bestätigt. Bezogen auf die Erwartung des göttlichen Reiches bedeutet dies einerseits: Es wird ganz gewiss kommen und durch den auferweckten Jesus und sein Wirken in dieser Welt bekommen Menschen schon jetzt an der Wirklichkeit dieses Reiches Anteil. Ebenso deutlich ist allerdings: Die endgültige Erlösung steht noch aus. Auch Christen wandern immer noch durch die Zeiten, hin auf das verheißene Ziel, auch wenn diese Wanderung nun eine neue Qualität bekommen hat. Vielleicht kann eine kleine Geschichte helfen, diesen Sachverhalt besser zu verstehen:

Ein Mensch steht vor unserer Tür, der uns eine Einladung überbringt. Er sagt uns: „Sie haben bei einer Lotterie gewonnen, fünf Millionen Euro. In einer Woche findet die feierliche Preisverleihung statt." In dem Umschlag, den er in der Hand hält, befindet sich die Einladung dazu. Würden wir ihm glauben? Wohl kaum! Was aber wäre, wenn derselbe Mann auf unsere kritische Nachfrage einen Ausweis zücken würde, der seine Identität als Lotterieangestellter bestätigt und er zu seinem Auto zurückeilt, um uns schon einmal eine Anzahlung von 100.000 Euro in die Hand zu drücken? Analog dazu kann man sich das Wirken des historischen und des auferweckten Jesus vorstellen: Jesus hat das Reich Gottes nicht nur mit schönen Worten in Aussicht gestellt, sondern durch seine Taten und Worte die Menschen etwas von der kommenden

Wirklichkeit schmecken lassen, und dieses Schmecken-Lassen erreicht durch seine Auferstehung noch einmal eine neue und universale Dimension.

Bezogen auf die Notwendigkeit eines abgegrenzten heiligen Tages bedeutet dies zweierlei:

(1) Zentrale Mitte des christlichen Glaubens ist nicht ein Tag, sondern Jesus Christus. Er ist es, durch den Christen zumindest fragmentarisch schon jetzt Heil und Heilung, Ruhe und Frieden erfahren. Christen stehen also mit einem Bein gleichsam schon im Himmel. In dieser Perspektive scheint ihnen eine Trennung zwischen Alltag und Heiligem absurd. Ihr ganzes Sehnen und Trachten ist davon bestimmt, das bald alles vom Geist des Schabbat durchdrungen sein wird. Deshalb bemühen sie sich auch schon jetzt darum, den Geist des messianischen Schabbat in die Welt zu tragen. Überall soll etwas vom kommenden Reich aufleuchten.

(2) Gleichzeitig wissen und erfahren auch Christen in aller Deutlichkeit, dass sie trotz ihrer pneumatischen Jesus- und Gotteserfahrung noch inmitten dieser Welt mit all ihren Problemen und Gefährdungen leben. Sie wissen, dass sie all das, was sie „haben", nur im Glauben haben, dass sie sich immer wieder in der rauen Wirklichkeit unserer Welt mit all ihren Anfechtungen bewähren müssen.

Kein Christ ist davor gefeit, Jesus Christus und seinen Gott aus den Augen zu verlieren. Mit dem anderen Bein stehen sie also noch ganz in dieser Welt. Als solche, als in der Welt lebende Menschen brauchen aber auch sie Zeiten und Räume, in denen sie die Begegnung mit diesem Jesus Christus in besonderer Weise pflegen können, wo sie neu auftanken und Kraft schöpfen können. So bekommt die jüdische Abgrenzung von Alltag und heiligen Tag auch für sie wieder eine wohltuende Bedeutung. Wie Jesus, so leben auch sie trotz allem Neuen, das durch Gottes Gnade in dieser Welt begonnen hat, noch immer zwischen den Zeiten.

Der Sonntag: Die Feier des göttlichen Ja In Jesus Christus hat Gott endgültig Ja zu uns Menschen gesagt. Er hat die Liebe, die Jesus an den Tag gelegt hat und die dieser trotz aller erfahrenen menschlichen Bosheit bis zum Tod am Kreuz durchgehalten hat, als seine Liebe bestätigt. Wenn wir deshalb am Sonntag den auferweckten Jesus Christus feiern, dann feiern wir dieses göttliche Ja: den Sieg des Ja über das Nein, des Lichtes über die Finsternis, des Lebens über den Tod, der Vergebung über unsere Schuld. Der Sonntag ermutigt uns, diesem Ja rückhaltlos zu vertrauen. Ich darf es mir sagen lassen, dass ich von Gott bedingungslos geliebt bin. Ich bin mehr als mein Versagen. Ich bin mehr als meine Leistungen und Produkte. Ich bin mehr als meine momentanen Gefühle und die soziale Anerkennung, die andere mir gewähren oder versagen. Wer bin ich? Ich bin ich: von Gott geliebt und anerkannt. Ich darf mich ansehen und mich freuen. Ich darf wissen: Es ist gut, dass es mich gibt. Ich bin ein Ausfluss seiner Liebe und Güte. Auch wenn ich mir selbst nie auf den Grund kommen kann, so wenig wie das Auge sich selbst betrachten kann, ich bin mir dessen gewiss, dass das Geheimnis meines Personseins in seiner Liebe seinen letzten Grund und sein letztes Ziel findet.

Aus dem Ja oder aus dem Nein leben? Die christliche Grunderfahrung ist die innere Erfahrung dieses Ja. Wer dieses Ja einmal in seinem Inneren geschmeckt hat, der ist nicht mehr derselbe. Dennoch hat man diese neue Selbstgewissheit nicht wie man irgendein Wissen hat. Immer wieder droht das erfahrene und geglaubte Ja durch das oft viel wirkungsvoller auftretende Nein entkräftet zu werden. Jeder Tag ist voller Versuchungen. Immer wieder bilden wir uns ein, dass wir dies und jenes unbedingt zum Glücklichsein bräuchten, dass das Defizit unseres Seins unerträglich groß ist und die göttliche Liebe nicht genügt, um die innere Unruhe zu stillen. So lange wir wach und bewusst leben, haben wir meist die innere Kraft Nein zum Nein zu sagen. Doch wo die Wachheit nachlässt, geraten wir – oft ohne es recht zu merken – schnell wieder in die alten Traumata und Abhängigkeiten hinein. Das herablassende Wort eines Menschen, ein offensichtlicher Misserfolg, der Anflug eines Gefühls, und plötzlich kommen wir uns minderwertig und nutzlos vor. Wir sind wie gelähmt, verlieren die innere Freiheit und unser Glücksempfinden.

Viele unserer an sich guten Ideen und Aktionen sind deshalb problematisch, weil sie aus einem inneren Defizit heraus erwachsen. Vielleicht träume ich von einem Buch, das endlich einmal geschrieben werden müsste; von einer Veranstaltung, die einen durchschlagenden Effekt haben könnte oder einer humanitären Aktion erster Güte. Und tatsächlich: Die Idee ist gut und hat – wie man so schön sagt – ein übergeordnetes Ziel. Sie fühlt sich fast ein wenig so an, wie wenn sie aus dem Bilderbuch der Reich Gottes-Träume entnommen wäre. Dennoch erkenne ich lange nicht, dass das Hauptproblem darin besteht, dass ich diesen Traum träume. Ich spiele die Hauptrolle. Deshalb ist dieser Traum für mich so attraktiv und deshalb ist er auch so gefährlich. Denn ob ich es merke oder nicht, ich bin gerade wieder dabei, mich in neue Abhängigkeiten zu stürzen: Ich mache den „Wert" meiner Person von einer bestimmten Rolle bzw. Aufgabe abhängig, von dem Erfolg und der damit verbundenen Anerkennung. Ich identifiziere mich zu sehr damit, und deshalb tauchen auch ganz schnell die bedrängenden alten Fragen wieder auf: Spiele ich meine Rolle gut? Bin ich erfolgreich? Kann ich vor meinem Publikum bestehen? Nichts gegen das Projekt. Vielleicht ist es sogar meine Aufgabe, es zu realisieren. Nichts gegen die Freude darüber, dass etwas gelingt. Aber die Identifikation darf nie so weit gehen, dass ich mich selbst damit aufs Spiel setze. Zur Freiheit hat mich Gott berufen! Immer wieder neu und immer tiefer muss ich deshalb lernen, dass ich nicht mein Projekt bin. Ich empfange meine Würde woanders her. Wenn ich etwas initiiere oder durchführe, dann will ich es nicht tun, weil ich es brauche, um mein lädiertes Selbstwertgefühl aufzupäppeln, sondern weil ich es für sinnvoll halte und es mir und anderen Freude macht.

Gott will, dass ich die Werke meines Lebens in innerer Freiheit anpacke und vollende. Sie sollen aus einem Überfluss an Liebe, Energie und Kreativität entstehen, nicht aus dem Mangel, nicht, weil ich ohne sie nicht leben kann. Die Liebe braucht nichts und niemand, aber sie gibt und schenkt alles. Allein so komme ich paradoxerweise auch zum Eigenen, führe ich die Projekte und Werke durch, die wirklich zu meiner inneren Berufung passen und nicht nur solche, die sich vielleicht großartig verkaufen oder vermarkten lassen.

Der Sonntag will mir all diese falschen Identifikationen bewusst machen. Er will mir helfen, mein Leben aus einer gewissen Distanz heraus zu betrachten. Er will mich wach machen. Ich soll die unguten Abhängigkeiten loslassen und mein Leben neu in dem göttlichen Ja verankern. Natürlich kann und soll das im Alltag genauso passieren wie am Sonntag. Streng genommen bedarf es keiner heiligen Zeiten. Das Einzige, was den Sonntag zu etwas Besonderem macht, ist die Tatsache, dass dieser Tag vom Alltäglichen so weit wie möglich frei gehalten wird und ich deshalb vielleicht auch empfangsbereiter bin für das sich in der Auferstehung manifestierende göttliche Ja. An diesem Tag soll all das besonderen Raum

haben, durch das Gott bevorzugt zu mir spricht: der Gottesdienst und die Eucharistie, die Gemeinschaft, die Bibel und die
Schöpfung. Es geht am Sonntag um das, worum es an jedem
Tag geht: Sich das göttliche Ja gesagt sein zu lassen, sich an
diesem Ja neu aufzurichten, durch dieses Ja alle Gespenster
zu verscheuchen, die mir die Freude am Leben nehmen wollen.
Aber am Sonntag versuche ich ganz bewusst alle Störsender
auszuschalten und meine innere Antenne auf die göttliche
Radiostation auszurichten.

Die Auferstehungsbotschaft und die Ruhe Aufgrund der
aus der Auferstehungsbotschaft gewonnenen Perspektive
zeigt sich nun in aller Deutlichkeit, dass der Ruhecharakter
des Sonntags eine theologisch und spirituelle angemessene
Entfaltung der Auferstehungsbotschaft ist: Wenn wir Christen
am Sonntag die Auferstehung Jesu Christi feiern, dann feiern
wir, dass Jesus Christus als der Auferstandene durch seinen
Geist immer noch unter uns gegenwärtig ist. Er ist unter uns
gegenwärtig, um uns die Liebe Gottes schmecken zu lassen
und uns am Geheimnis seines Menschseins Anteil zu geben.
Durch ihn sollen wir wahre Menschen werden: Menschen,
die – in der Gottesliebe verwurzelt – lernen, sich selbst, andere,
ja die ganze Schöpfung zu lieben. Dieser Prozess beginnt
dort, wo wir durch Jesus Christus erfahren, dass unser oft so
vergebliches und krampfhaftes Streben nach Akzeptanz und
Selbstrechtfertigung erst dann zur Ruhe kommt, wenn wir uns
gesagt sein lassen, dass nicht unsere Leistungen und Erfolge
uns wertvoll machen, sondern die grundlose Liebe Gottes. Wir
müssen uns nicht erst einen Namen machen, wir haben bereits
einen Namen. Wir müssen nichts aus uns machen, wir sind
bereits jemand: Gottes geliebter Sohn, Gottes geliebte Tochter.
So zählen in Christus nicht die Kategorien des „Habens",

sondern die Kategorien des „Seins". Und deshalb ist der Sonntag das Fest des Lebens. An diesem Tag hat Gott den Prozess eingeleitet, der letztlich dazu führen soll, dass alle Mächte der Entfremdung überwunden werden, ganz im Sinne des Ignatius: „Lasst jeden Freund Christi den Tag des Herrn als Festtag begehen, den Tag der Auferstehung, den königlichen und wichtigsten aller Wochentage, an dem unser Leben neu erwachte und in Christus der Sieg über den Tod errungen wurde."[19]

An diesem Punkt zeigt sich dann auch, dass der Schabbat und der Sonntag auf einer tieferen Ebene eine ähnliche Botschaft propagieren. Beide Tage weisen in das von Gott gewollte Menschsein ein, indem sie darauf beharren, dass dieses Menschsein Geschenk der göttlichen Gnade ist. Sowie der Schabbat den Gott Israels preist, der aus unverdienter Liebe mit seinem Volk einen ewigen Bund geschlossen hat, so preist der Sonntag denselben Gott, weil er durch die Auferweckung Jesu deutlich gemacht hat, dass er alle Menschen ohne Wenn und Aber annimmt. Beide Tage verherrlichen je auf ihre Weise die Dimension des Seins, nicht die Dimension des Habens und des autonomen Produzierens. Sie sind ein Plädoyer für den Geschenkcharakter menschlichen Lebens und ein lebendiger Protest gegen die dauernden menschlichen Versuche, die eigene Existenz durch Werke und Taten zu rechtfertigen.

Schabbat und Sonntag: unterschiedliche Zeitstrukturen – ein gemeinsames Ziel? Durch all diese Überlegungen ist deutlich geworden: Die 24 Stunden des Sonntags sind nicht per se heiliger als die Stunden des Alltags. Es handelt sich nicht um einen von vornherein ausgesonderten und von Gott besonders gesegneten und geheiligten Zeitabschnitt. Der Sonntag empfängt seinen Glanz einzig und allein von dem unter uns gegenwärtigen Jesus Christus her. Es geht um die persönliche

Begegnung mit ihm, durch die wir heilsam verwandelt werden. Dort, wo das geschieht, ist der Sonntag tatsächlich ein heiliger Tag. Geschieht dies jedoch nicht, dann ist er ein Tag wie jeder andere. Umgekehrt kann jede alltägliche Stunde „sonntäglich" werden, wenn wir aus dem Glauben an Jesus Christus heraus leben. Die Grenzen zwischen Alltag und Sonntag sind fließend, so dass selbst das Banalste, Profanste und Alltäglichste transparent werden kann für die göttliche Gegenwart. Die zufällige historische Tatsache, dass Jesus gerade an diesem Tag von den Toten auferstanden ist, gibt diesem Tag keine andere Qualität, auch wenn die Auferstehung ein guter Grund ist, diesen Tag zum zentralen christlichen Feiertag zu machen. Letztlich wünschen Christen sich, dass alles sonntäglich wird, dass die ganze Welt und jeder Zeitabschnitt von der Auferstehungswirklichkeit Jesu durchdrungen wird.

Es ist ganz wichtig, diesen Unterschied zum Judentum zu sehen und auszuhalten: Im Judentum ist es tatsächlich ein bestimmtes Quantum Zeit, das durch Gottes Segen eine besondere Qualität bekommt, das – christlich gesprochen – dadurch zum „Sakrament" wird, also zu einem Stück Weltwirklichkeit, an das sich Gott besonders gebunden hat und durch das er Menschen fortwährend begegnen will. In diesem Fall ist dieser Teil der Wirklichkeit eben ein Abschnitt in der Zeit. So formal und vielleicht komisch das auch klingen mag: Aber der Schabbat kann nicht am Sonntag oder am Montag gefeiert werden. Es muss der Samstag sein. Es ist in jüdischer Perspektive allein dieser Tag, den Gott in besonderer Weise an seinen göttlichen Energiekreislauf angeschlossen hat. Natürlich hätte er auch irgendeinen anderen Tag in dieser Weise heiligen können. Genau das hat er aber eben nicht getan. Selbst wenn ein Jude den Tag nicht entsprechend begeht und er deshalb für ihn ein Tag wie jeder andere ist, so dass er auch nichts von diesem Tag hat, so beharrt jüdischer Glaube darauf, dass der Schabbat „objektiv" (vor Gott) ein besonderer Tag ist. Im Christentum dagegen ist es nicht ein Abschnitt der Zeit, den Gott mit seiner besonderen Gegenwart erfüllt hat, sondern ein konkreter Mensch: Jesus von Nazareth. Heiligkeit wird auch in zeitlicher Dimension durch die An- oder Abwesenheit Jesu Christi bestimmt. Man kann tausendmal ein Etikett auf einen Tag kleben und sagen: Dieser Tag ist unser Sonntag. Wenn Jesus Christus nicht drin ist, dann fehlt diesem Tag der sonntägliche Charakter. Es ist deshalb auch kein Zufall, dass im Neuen Testament an keiner Stelle geboten wird, den Sonntag besonders zu begehen, während das Schabbatgebot im Alten Testament eine überaus prominente Rolle spielt.

So ist der Schabbat ein jüdisches „Sakrament". Jesus Christus dagegen ist das Ursakrament des christlichen Glaubens. Im Judentum bin ich eingeladen, in das Heiligtum des Schabbat hineinzugehen, wenn ich Heil und Heilung empfangen will. Im Christentum lädt mich Gott dazu ein, in der Gemeinschaft mit Jesus Christus das wahre Leben zu finden.

Einladung zu einem christlich-jüdischen Lernprozess Es gibt zwischen Christentum und Judentum große Unterschiede, die man nicht verleugnen darf. Der entscheidende Unterschied besteht sicher darin, dass Juden eben nicht glauben können, dass Jesus Christus der uns von Gott geschenkte Heiland und Messias ist. Dennoch sind Christen und Juden durch ihre gemeinsame Wurzel miteinander verbunden: Beide glauben an den Gott Israels. Beide schöpfen aus den biblischen Traditionen des Alten Testaments. Beide haben im Bereich der praktizierten Religion viel voneinander gelernt. Die Zeiten, wo Christen behauptet haben, dass das jüdische Volk nicht mehr das erwählte Gottesvolk ist, weil sie nicht an Jesus Christus glauben, sind hoffentlich vorbei. Wir Christen haben in einem mühevollen Lernprozess von Paulus (Röm 9-11) gelernt, dass Gottes Treue zu seinem ersterwählten Volk nicht aufgehoben ist, auch wenn wir nicht von der Hoffnung lassen können, dass Jesus Christus sich am Ende der Zeiten als Messias Israels offenbaren wird. Vieles im christlich-jüdischen Verhältnis ist und bleibt ein Geheimnis. Dennoch glaube ich, dass Christen und Juden von Gott dazu bestimmt sind, sich auf ihrem gemeinsamen Weg durch die Geschichte gegenseitig zu inspirieren und – wo nötig – auch zu provozieren. Wir können und sollen die Unterschiede nicht nivellieren und kleinreden, aber wir sind durch den Glauben an denselben Gott miteinander verbunden und deshalb auch dazu aufgerufen als Geschwister in diesem Glauben von Gott in der Welt Zeugnis abzulegen. Manchmal denke ich, dass es dabei sogar eine Art Arbeitsteilung geben kann und geben muss. Oft ist es so, dass Christen den einen, Juden den anderen Aspekt hervorheben, beide Aspekte aber letztlich notwendig sind, wenn man das Ganze im Blick haben will. Das scheint mir besonders beim Schabbat und beim Sonntag so zu sein:

So unterschiedlich das Zeitverständnis bezogen auf Schabbat und Sonntag auch ist, es bildet keinen absoluten Gegensatz. Beide Ansätze haben ihre Stärke. Beide müssen sich aber immer wieder durch die andere Position provozieren und inspirieren lassen, wenn es nicht zu einer theologisch problematischen und für uns Menschen schädlichen Entwicklung kommen soll.

Bezogen auf den christlichen Sonntag heißt dies: Auch wenn das Christentum aus dargelegten Gründen keine streng theologisch begründete Abgrenzung von Alltag und Sonntag kennt, so hat der christliche Glaube dennoch gelernt, dass es besonderer, vom Alltag ausgegrenzter Zeiten bedarf, wenn man immer wieder zu dem Jesus Christus zurückfinden will, der unseren ganzen Alltag heiligen und durchdringen will. Was immer deshalb Kaiser Konstantin im 4. Jh. dazu bewegt hat, aus dem Sonntag einen offiziellen christlichen Feiertag zu machen und den Sonntag als Ruhetag zu begehen, es war ein genialer Schachzug. Nicht nur, weil theologisch Menucha/ Ruhe und Jesus Christus bestens zusammenpassen, sondern weil wir Christen aus religionspsychologischen Gründen Zeitabschnitte brauchen, die vom Alltag so deutlich abgrenzt sind, dass sie uns den nötigen Freiraum bieten, um immer wieder zur Quelle unseres Lebens zurückzufinden. Es ist deshalb auch gut nachvollziehbar, wenn die katholische Tradition vom Sonntag als dem „Schabbat des neuen Bundes" spricht, auch wenn der ursprünglich mit diesem Terminus verbundene Antijudaismus – der Sonntag ersetzt den Schabbat – abzulehnen ist. So weist der Sonntag von Anfang an über sich hinaus, ja lebt gerade davon, dass er seinen Blick auf Jesus Christus und nicht auf den Tag als solchen richtet, merkt aber dann doch immer wieder, dass das Göttliche in unserer Welt auch Orte der Sammlung und Konzentration braucht, mit aller notwendigen Abgrenzung vom Alltag.

Man kann diesen Unterschied, der für manche vielleicht immer noch ein wenig abstrakt und kryptisch klingt, vielleicht auch so beschreiben: Christen und Juden geht es um die Heilung unseres Lebens durch die Gemeinschaft mit dem lebendigen Gott. Beide wollen, dass die ganze Lebenswirklichkeit von diesem Geheimnis durchdrungen wird. Juden sind jedoch ein wenig realistischer. Sie glauben, dass das Geheimnis Gottes an manchen Orten besonders geschützt, besonders gehegt und gepflegt werden muss, damit das Feuer nicht ausgeht, was in unserer unerlösten Welt durchaus eine Gefahr ist. Aber auch sie hoffen, dass Gott von diesen Orten aus immer wieder die Wirklichkeit erfasst, und sie einmal – in der messianischen Zeit – dann auch wirklich ganz durchdringen wird. Ein solcher Ort war einst der Tempel. Ein solcher Ort in der Zeit ist immer noch der Schabbat. Der Universalismus, die Grenzüberschreitung ist deshalb auch für die stetige Erneuerung jüdischen Denkens und Glaubens wichtig. Christen dagegen sind von ihrem Ursprung her enthusiastische Erneuerer, die gerne aufs Ganze gehen. Da ihnen in Jesus Christus, den sie nicht zufällig als Vorbote und Inbegriff der neuen göttlichen Welt verstehen, eine Wirklichkeit vor Augen steht, die ganz von Gott durchdrungen ist, machen sie ungern Unterschiede zwischen heilig und profan und wollen vielmehr, dass alles heilig wird, und das möglichst schnell. Grenzüberschreitung und Universalismus sind ihre ureigensten Elemente. Erst mit der Zeit lernen sie, dass alles nicht ganz so einfach ist, dass vieles in dieser Welt immer noch sehr unerlöst ist und dass deshalb auch die universale Christuswahrheit Formen und Riten braucht, sozusagen feste Stützpunkte, von denen aus sie die Welt erobern kann. So werden die Christen ein wenig realistischer, nehmen wieder manches auf, wovon sie einst meinten, dass sie es als Teil der „good old religion" eigentlich gut entsorgen könnten. Sie haben bezogen auf den Feiertag – trotz anfänglicher Weigerung – dann doch sehr viel vom Judentum übernommen.

Noch einmal etwas salopper: Menschen, die innerhalb einer bestimmten traditionellen Religion eine lebendige charismatische Erfahrung machen, sind anfangs oft ziemlich unerträglich. Sie wollen alles erneuern und nicht so recht einsehen, dass auch die alten, vielleicht etwas verstaubt wirkenden Traditionen ihren durchaus guten Sinn haben. Doch wenn alles gut geht, dann lernen sie im Laufe der Zeit dazu, beginnen manches Alte neu zu schätzen, ohne ihre charismatische

Ursprungserfahrung preiszugeben. Menschen dagegen, die eher zum religiösen Establishment gehören, schätzen die verlässliche Form, oft aus gutem Grund, manchmal aber auch nur noch aus Bequemlichkeit und Traditionalismus. Nicht selten ist der Geist gewichen. Doch auch hier: Wenn alles gut geht, dann lernen sie – gerade in der Auseinandersetzung mit den geistbewegten Erneuerern –, dass sie sich immer wieder für den Geist öffnen müssen, der alle Grenzen überwindet und sich in keine Formen und Rituale pressen lässt. Im besten Fall wirken eher traditionell eingestellte Menschen und Reformer zusammen, so dass mit Geist und Leben gefüllte Formen und Rituale entstehen, die den Menschen wirklich zum Leben und Glauben helfen.

Ein Sonntag, wie ich ihn meine

Wir Christen brauchen den Sonntag, weil wir oft genug nicht im Vertrauen auf Jesus Christus und seinen Gott leben. Immer wieder vergessen wir, dass uns eigentlich schon alles geschenkt ist und drehen uns nur noch um uns selbst. Wir meinen, dass alles von uns abhängt und die Welt einstürzt, wenn es auch einmal ohne uns gehen muss. So ist uns der Sonntag gegeben, damit wir immer wieder neu lernen, uns an der Liebe Gottes genügen zu lassen, und nicht an dem Irrglauben zugrunde gehen, dass alles von uns abhängt. Deshalb enthalten wir uns konsequent auch aller Arbeit. Nicht weil wir es müssen, sondern weil es uns gut tut. Die jüdische Arbeitsruhe ist uns nichts Fremdes, das wir dem Sonntag künstlich aufoktroyieren. Sie ist uns eine lebensnotwendige Veranschaulichung der uns durch Christus geschenkten Rechtfertigung und darin Weisung zum Leben. Deshalb genießen wir es, dass Gott uns die Ruhe „gebietet". Wir erkennen darin seine Freundlichkeit. Wir merken: Wenn Gott selbst uns die Ruhe gebietet, dann dürfen wir tatsächlich einen Tag nichts tun, und es wird uns nichts fehlen. Ganz im Gegenteil: Wir werden gerade so reich beschenkt werden. Wir lernen es, uns etwas zu gönnen, weil Gott uns etwas gönnt. Natürlich macht uns die Enthaltsamkeit von der Arbeit nicht selig. Aber wir entsprechen dadurch der

Liebe Gottes und finden so auf Dauer hoffentlich auch zu einer sinnvollen und befreienden Lebensgestaltung. Auf diese Weise machen wir an diesem Tag ernst mit der Erkenntnis, dass wir auch dann jemand sind, wenn wir nichts leisten. Wir widerstehen um Gottes, der Menschen und der Schöpfung willen einem falschen Arbeitsethos und genießen es, dass es der Herr den Seinen auch im Schlaf gibt.

Auch der Sonntag braucht die Kunst der Abgrenzung Die volle Bejahung der Arbeitsruhe legt es deshalb nahe, aus dem Judentum die klare Abgrenzung von Alltag und Feiertag zu übernehmen. Sie ist eine religionspsychologisch sinnvolle Maßnahme, um einen vom Alltag freien Raum zu schaffen, in dem sich das Geheimnis der Gottes- und Christusbegegnung ereignen kann. Das, was wir als Christen heute um Gottes und unserer selbst willen wieder lernen müssen, ist der „Mut zur Unterbrechung". Nur wenn wir den Mut haben, die Arbeit und all die Anforderungen des täglichen Lebens in ihre Grenzen zu verweisen, einen Punkt zu setzen, den sie nicht überschreiten dürfen, werden wir auf Dauer in unserem Leben den Raum finden, den wir brauchen, um neu Atem zu schöpfen. Der Arbeit eine deutliche Grenze zu setzen, hat also nichts mit Gesetzlichkeit zu tun, sondern mit Weisheit. Eine solche Trennung muss auch nicht notwendigerweise zu einer religiös schizophrenen Haltung führen, sondern ist die Voraussetzung dafür, dass das ganze alltägliche Leben geheiligt werden kann.

Wenn ich nun im Folgenden überlege, wie diese Abgrenzung konkret aussehen könnte, dann ist dies nicht mehr als ein Vorschlag. Ich beschreibe, was ich als hilfreich empfunden habe, kann mir aber gut vorstellen, dass es auch ganz andere sinnvolle Abgrenzungen gibt, dass es diese aufgrund der unterschiedlichen Lebensumstände wahrscheinlich sogar geben muss. Nur an einem Punkt bin ich hartnäckig: Ich behaupte, dass es uns nicht gelingen wird, einen Freiraum in unserem Leben zu schaffen, wenn wir nicht bereit sind, die Notwendigkeit der Abgrenzung als solcher zu bejahen. Es muss eine Grenze geben, so dass wir zur Arbeit sagen können: Bis hierher darfst du, aber keinen Schritt weiter.

Wann beginnt und wann endet „mein/unser" Sonntag?
Wenn wir den Sonntag klar vom Alltag abgrenzen wollen, dann müssen wir wissen, wann unser Sonntag beginnt und wann er endet. Im Judentum beginnt der Schabbat bereits am Freitagabend, also am Vorabend, und vielleicht wäre es hilfreich, wenn auch wir unseren Sonntag bereits am Samstagabend beginnen lassen würden. Das könnte uns helfen, uns innerlich auf den Sonntag einzustellen. Denn eines ist ja klar: Wer den Samstagabend bis spät in die Nacht mit allzu alltäglichen Beschäftigungen verbringt – z.B. der Nacharbeit von liegen gebliebenen Akten aus dem Büro –, dem wird es vermutlich nicht so leicht fallen, in sich die ersehnte Feiertagsstimmung hochkommen zu lassen. Die alte Regel stimmt immer noch: Wie man einschläft, so wacht man – zumindest häufig – auch auf. Den Sonntag bereits am Vorabend zu beginnen, ist dabei alles andere als revolutionär. In manchen liturgischen, allerdings oft nicht mehr sehr bewussten Traditionen unserer Kirchen, ist dies in Analogie zur jüdischen Tradition schon lange üblich. In den Klöstern gibt es dafür sogar ein eigenes Gebetsritual, und auch die katholische Messfeier am Samstagabend bzw. das Einläuten des Sonntags am Vorabend setzen die Grenze zum Sonntag im Grunde genommen schon am Vortag.

Aber wie gesagt: Hier muss jeder eine für sich und seinen Lebensrhythmus passende Zäsur finden. Meine erste bewusste „Sonntagseröffnungsfeier" habe ich in einer bäuerlich geprägten Familie erlebt, und zwar nicht am Samstagabend, sondern am Sonntagmorgen. Hier wurde der Sonntag mit einem schönen, gemeinsam gefeierten Frühstück begonnen, bei dem – im Unterschied zur Woche – die ganze Familie präsent war. Es gab besonders leckeres Essen. Der Tisch war festlich gedeckt, Kerzen waren entzündet, und bevor man gemeinsam begonnen hat, wurde schon einmal der Predigttext des Sonntags gelesen und ein Tischgebet gesprochen. Während des Frühstücks gab es stimmungsvolle klassische Musik und danach ging man gemeinsam in die Kirche. Ich werde diese feierliche Atmosphäre nicht so schnell vergessen, empfand es sehr verlockend, ein solches Ritual in mein eigenes Leben einzubauen, muss aber gestehen, dass ich es bis heute in dieser Konsequenz und „Vollkommenheit" nicht geschafft habe.

Was das Ende des Sonntags angeht, so könnte ein Ritual sinnvoll sein, das den Übergang zur kommenden Woche markiert. Geht es am Beginn des Sonntags darum, den Alltag hinter sich zu lassen, um eine sonntägliche Atmosphäre herbeizuzaubern, so braucht der Alltag dieses Herbeizaubern nicht. Er kommt von selbst, und das meist schneller als einem lieb ist. Kaum neigt sich der Sonntag seinem Ende zu, wendet sich unsere innere Magnetnadel dem Montag zu und erzeugt – vor allem, wenn das Wochenende sehr schön war –, nicht immer nur angenehme Gefühle. Ein kleines Ritual könnte helfen, diesen Übergang so zu gestalten, dass wir mit etwas weniger Verdruss oder sogar mit einer gewissen Vorfreude in die kommende Woche gehen.

Ich werde noch genauer darauf eingehen, wie solche Sonntagsbegrüßungs- und Sonntagsverabschiedungsrituale aussehen könnten, möchte vorher aber noch eine wichtige Frage einschieben, und zwar die Frage, wie es uns gelingen kann, die Woche und den Alltag noch vor Beginn des Sonntags so hinter uns zu lassen, dass wir uns etwas besser auf den kommenden Sonntag einstellen können.

Vorbereitung auf den Sonntag Wenn man den Sonntag von der Arbeit und all dem freihalten will, was für uns normalerweise den Alltag ausmacht, dann setzt dies natürlich schon während der Woche eine bewusste Planung voraus, also ein Zeitmanagement, das so angelegt ist, dass ich dann am Sonntag eben auch nicht mehr arbeiten muss. Was für mich dabei Arbeit ist, das werde ich, wenn ich mir selbst gegenüber ehrlich bin, schnell herausfinden. Ich glaube nicht, dass es hier eine für alle gültige Definition geben kann, darin unterscheide ich mich von der jüdischen Auffassung.

Nun kann es natürlich immer vorkommen, dass ich schlecht geplant habe oder es aufgrund bestimmter Umstände einfach nicht möglich ist, sich am Sonntag jeder Arbeit zu enthalten. Das ist nicht das Ideal, aber unser Leben ist nun einmal nicht immer ideal. In solchen Fällen – solange die Ausnahme nicht zur Regel wird – ist es dann aber hilfreich, die nötige Arbeitszeit klar zu begrenzen. Sich also ein paar Stunden bewusst dafür zu reservieren, damit der Rest arbeitsfrei bleiben kann.

Für die meisten Menschen besteht das Wochenende aus Samstag und Sonntag: eigentlich eine ideale Kombination! Denn so können wir am Samstag unsere alltäglichen Geschäfte an den Punkt bringen, wo wir sie dann hoffentlich getrost auch loslassen können. Wir können noch ein paar Dinge erledigen, die während der Woche liegen geblieben sind, können aufräumen, einkaufen gehen und dabei vielleicht auch schon ein wenig zur Ruhe kommen. Dabei zur Ruhe kommen? Ist das ernst gemeint? Ja, durchaus, denn wenn wir lernen, praktische Dinge mit Hingabe und Präsenz zu tun – ohne alle Hektik – dann können sie uns tatsächlich helfen zu uns selbst zu kommen. Gerade das Aufräumen hat hier eine eigene, nicht zu unterschätzende innerpsychische Wirkung. Ich habe es jedenfalls schon oft erlebt, dass ich durch das äußere Aufräumen auch innerlich „aufgeräumter" wurde. Das setzt freilich voraus, dass wir nicht in den Fehler verfallen, in den Samstag nun all das hineinzustopfen, was wir die Woche über nicht geschafft haben. Auch hier ist ein gewisses Maß an Selbstbegrenzung notwendig. Sonst stresst uns der Samstag so, dass wir völlig erschöpft im Sonntag ankommen und der Schuss unweigerlich nach hinten losgeht.

Indem man am Samstag manches Liegengebliebene noch in Angriff nimmt, denkt man natürlich automatisch auch an das, was man an diesem Tag nicht mehr schafft, und kommt so schnell über die Aufgaben und Herausforderungen der kommenden Woche ins Grübeln. Schade wäre es nun allerdings, wenn dieses Grübeln auch noch am Abend und am Sonntag weiterginge.

Damit dies nicht geschieht, kann es eine große Hilfe sein, wenn wir uns am Ende des Samstags kurz hinsetzen, uns ein wenig sammeln, um mit dem Kalender in der Hand zu überlegen, was in der nächsten Woche alles dran ist. Wenn wir all diese Dinge dann anschließend auf einen Zettel schreiben – die berühmte To-do-Liste – dann können wir mit dem Zettel hoffentlich auch unsere Gedanken an all diese Dinge zur Seite legen. Wir wissen ja, dass am Montag nichts vergessen werden wird.

Aber nicht nur der Abschluss der Woche sollte vorher seinen Platz finden, auch der Vorbereitung des Sonntags sollte genügend Raum gegeben werden. Das beginnt bei ganz praktischen Dingen, zu denen vielleicht die Vorbereitung eines guten Essens gehört oder auch ein schön gestalteter Schmuck für die Wohnung. Auch ist es kein Fehler, sich schon vorher ein paar Gedanken über eine sinnvolle Freizeitgestaltung am Sonntag zu machen. Leitfrage könnte dabei sein: Was hilft mir, so innerlich zur Ruhe zu kommen, dass ich dadurch wieder empfangsbereit werde für die wesentlichen Dinge des Lebens? Ist das eine schöne lange Wanderung? Ein Gespräch? Das Spiel mit den Kindern? Oder vielleicht auch eine kreative Tätigkeit? Ebenso ist es sinnvoll zu überlegen, ob uns eine bestimmte Aktivität nicht schon wieder zu sehr mit dem Alltag infiziert. Nichts gegen einen Familienausflug! Aber wenn dieser mit einer zweistündigen Autofahrt und dem vielleicht auf den Straßen üblichen Verkehrschaos verbunden ist, sollten wir uns sehr gut überlegen, ob wir uns dies antun wollen. Natürlich, die Freizeitindustrie flößt uns immer wieder ein, dass wir schrecklich viel versäumen, wenn wir immer noch nicht den nahe gelegenen Freizeitpark mit seinen atemberaubenden Attraktionen besucht haben. Aber Hand aufs Herz: Wer hat es nicht oft schon schrecklich bereut, dass er sich diesem Druck gebeugt hat, nachher müde und innerlich leer nach Hause kam, statt dass er etwas wirklich „Spannendes" gemacht hat. Ich mache jedenfalls die Erfahrung, dass meine Kinder es spannender finden, einen Hasen auf dem Feld zu sehen, statt deren zwanzig in einem abgezäunten Gelände, dass sie es interessanter finden, durch den kleinen Fluss in der Nähe unseres Dorfes zu waten, statt sich bei irgendwelchen künstlichen Wasserspielen die Füße nass zu machen, ja dass eben insgesamt vieles aufregender ist, was man es selbst entdeckt und erobert hat. Damit ist hoffentlich eines auch klar: Dies ist kein Plädoyer für langweiliges Spazierengehen auf eingelaufenen Wegen, es ist nicht einmal eine generelle Ablehnung von Freizeitparks und Zoos, es ist nur eine Ermutigung, sehr genau zu überlegen, in was wir unsere kostbare Zeit investieren wollen. Jedenfalls kann eine Wanderung oder Fahrradtour vor der Haustür den

Zweck der Entspannung und die Sehnsucht nach authentischen Erlebnissen auch sehr gut erfüllen.

Den Sonntag vorher ein wenig zu planen, soll nun allerdings nicht heißen, dass man alles restlos verplant. Es ist gut, wenn auch noch genug Raum und Zeit für Muße und Spontanität bleiben. Die Ermutigung zu planen soll nur ermüdenden und manchmal auch frustrierenden Diskussionen am Sonntag selbst vorbeugen. Hat man zumindest ein paar grobe Pflöcke eingeschlagen, dann kann sich jeder innerlich auf den folgenden Tag einstellen, und das auch dann, wenn es einmal nicht der eigene Idealvorschlag war, der sich durchgesetzt hat. Eine durchaus kreative Möglichkeit der Planung könnte darin bestehen, einen Wunschbriefkasten aufstellen, in dem bis zum Freitag jeder seinen Vorschlag hinein werfen darf. Am Samstag wird dann ausgelost, was am Sonntag dran ist.

Solche Abschluss- oder Vorbereitungsriten sind in manchen Gegenden übrigens immer noch von Bedeutung. Hat sich in ländlichen Gebieten zum Beispiel das Kehren der Straße oft zu einem regelrechten Wochenabschlussritus entwickelt, so ist es andernorts das Ritual des Autowaschens. Von den ganz persönlichen Familienritualen will ich erst gar nicht reden. All diese Rituale sind auch dort, wo man nichts mehr mit ihnen anfangen kann, ein Hinweis darauf, dass wir Menschen solche äußeren Formen brauchen, wenn unsere inneren Vollzüge gelingen sollen. Ich denke jedenfalls, dass es uns gut täte, solch alte Traditionen zu würdigen, um sie dann in adäquater Weise in unseren heutigen Kontext zu übersetzen.

Sonntagsbegrüßung und Sonntagsverabschiedung: hilfreiche Rituale Der Samstagabend ist sicher ein sinnvoller Ort für eine Sonntagsbegrüßung. Ich kann es aber auch gut nachvollziehen, wenn jemand den Sonntag lieber am Morgen mit einem kleinen Ritual beginnen möchte. Die im Folgenden gemachte liturgischen Vorschläge sind in erster Linie auf den Abend bezogen, können mit etwas Phantasie und Kreativität aber auch gut vom Abend auf den Morgen übertragen werden.

Zuerst einmal: Jeder Einzelne und auch jede einzelne Familie ist dazu eingeladen, hier ihre eigenen Anfangsrituale zu finden, und hat dies vielleicht ja auch schon getan. Vielleicht hat es sich ein Single zur Gewohnheit gemacht, sich am Samstagabend ein schönes Bad einlaufen zu lassen, dabei ein wenig zu lesen oder Musik zu hören, um den Abend dann gemütlich mit einem Glas Wein – allein oder mit Freunden – ausklingen zu lassen. Eine Familie praktiziert vielleicht schon länger ein ganz anderes „Ritual": Man kocht gemeinsam, nimmt sich Zeit für ein leckeres Abendessen, um dann zusammen noch etwas zu machen. Pubertierende Jugendliche dürfen nach dem Abendessen natürlich ihre eigenen Wege gehen. Im Bereich dieser individuellen Rituale sind der Phantasie und Kreativität keine Grenzen gesetzt. Will man nun allerdings den Sonntag bewusst unter christlichem Vorzeichen begehen, dann schlage ich vor, in Anlehnung an die jüdische Tradition vor dem Abendessen (bzw. dem Frühstück) eine kleine liturgische Sonntagsbegrüßung einzuführen.

Eine solche Sonntagsbegrüßung kann aus einem Tischgebet bestehen, einem (biblischen) Text, der die besondere inhaltliche Dimension des Sonntags in den Mittelpunkt rückt, und sie sollte in jedem Fall mit konkreten Ritualen verbunden sein. Eine solche Symbolik hilft nicht nur Kindern, sondern auch Erwachsenen, die Inhalte des Sonntags zu verinnerlichen. So kann das Anzünden von einer oder mehreren Kerzen zum Ausdruck bringen, dass wir den Sonntag in der Gegenwart des auferstandenen Christus feiern wollen. Wir können aber auch in Anlehnung an jüdische Tradition vor der eigentlichen Mahlzeit einen Segen über Brot und Wein/bzw. Traubensaft sprechen, beides herumgeben, so dass deutlich wird: Wir wollen an diesem Tag unser Leben miteinander teilen und vertrauen darauf, dass sich uns so auch Gott neu schenkt. Das wäre kein Abendmahl, sondern eine Art Agapefeier (Liebesfeier), die uns aber durchaus helfen kann zu verstehen, worum es auch im Abendmahl geht.

Es gibt bereits einige liturgische Vorschläge, die in Anlehnung an die jüdische Schabbatfeier gestaltet sind und gute Anregungen für eine christliche „Sonntagsbegrüßung" geben.

Das traditionelle katholische Ritual ist das so genannte „Lucernar" (Lichtritus), wo das Anzünden einer Kerze mit Gebeten und der Lesung des Osterevangeliums verbunden wird. Eine etwas stärker an der jüdischen Tradition orientierte Form hat die Jesusbruderschaft in Gnadenthal entwickelt. Diese und andere Liturgien finden sich im Materialteil am Ende des Buches.

Wichtig ist nur, dass man all diese Vorschläge nicht unreflektiert übernimmt, sondern dass man sehr genau überlegt, was für einen passend ist und was nicht. Vor allem kann ich mir vorstellen, dass bei Menschen, die noch nie als „Liturg" tätig waren, und bei Familien, in denen das Sprechen eines Tischgebetes völliges Neuland ist, weniger meist mehr ist. Schon das bewusste Anzünden einer Kerze vor dem Essen und das Sprechen eines kurzen Gebetes bzw. das Lesen eines kurzen biblischen oder literarischen Textes ist dann vermutlich völlig ausreichend. Wenn man dann im Laufe der Zeit Lust auf mehr bekommt, ist das auf alle Fälle besser, als sich die Lust von Anfang an durch ein „zu viel" zu nehmen. Auch hier gibt es kein Gesetz und der Kreativität sind keine Grenzen gesetzt. Dennoch: Wenn wir den Sonntag auch spirituell begehen wollen, ist ein bewusst gesetzter Anfangspunkt hilfreich.

Was das Ende des Sonntags angeht, so habe ich bereits darauf
hingewiesen, dass es Menschen gibt, die am Sonntagabend
regelmäßig von einer kleinen Depression heimgesucht werden,
wenn sie daran denken, dass am nächsten Tag der Alltag
wieder über sie hereinbricht. Hier könnte ein der Hawdala
entsprechendes Ritual am Sonntagabend eine wirkungsvolle
Medizin sein. Auf diese Weise könnten wir Gott noch einmal
für alles danken, was er uns am Sonntag hat erleben lassen,
und wir könnten ihm anbefehlen, was in der beginnenden
Woche auf uns zukommt und uns vielleicht auch beunruhigt
und ängstigt. Bevor wir gemeinsam Abend essen und die
kommende Woche mit einem spannenden „Tatort" begrüßen,
könnte eine solche „Sonntagsverabschiedung" eingeschoben
werden. Auch hierzu findet sich ein konkreter Vorschlag im
Materialteil am Ende.

Und wenn der der Sonntag vom Alltag eingeholt wird? Eine
Sonntagsfeier hat ihr Ziel erreicht, wenn es uns gelungen ist,
ein Stück weit achtsamer in der Gegenwart zu leben, wenn wir
ganz „bei der Sache" sind: bei Gott, unseren Mitmenschen, der
Natur und uns selbst. Das Aussperren des Alltags durch das,
was wir als Kunst der Abgrenzung bezeichnet haben, ist ein
erster Versuch in dieser spezifischen Gegenwart anzukommen.
Aber eben nur ein erster. Denn auch dort, wo wir einen solchen
Freiraum für uns gewonnen haben, wird uns nicht gleich der
vollkommene Frieden durchdringen. Die innere Unruhe und
Zerstreutheit, ebenso wie die Ängste und Sorgen, die unser
Leben bestimmen, sind immer noch da und werden sich nicht
so schnell geschlagen geben. Immer wieder neu werden sie An-
lauf nehmen, um sich in unsere Seele einzunisten. Deshalb ist
eines unbedingt notwendig: Geduld und Beharrungsvermögen,
der stete Versuch, das Alltägliche „endgültig" hinter sich zu

lassen, um den Blick umso entschiedener auf die Gegenwart zu richten. Wie könnte das konkret aussehen?

Stellen wir uns vor, wir hätten uns am Sonntag Zeit genommen für eine schöne Wanderung in der Natur. Wir freuen uns darauf und ziehen los. Doch nach kurzer Zeit verschwindet die Freude. Das ganze Chaos der vergangenen Woche, einschließlich unserer unaufgearbeiteten und nicht immer nur positiven Gefühle und Leidenschaften kommt in uns hoch. Wie gehen wir mit einer solchen Situation um? Ich denke, dass wir eine doppelte Taktik brauchen. Einerseits hat es keinen Sinn, das Schwierige in unserem Leben zu verleugnen, sich gar darüber zu ärgern, dass dies nun so gewaltig an die Oberfläche drängt. Was wir brauchen, ist nicht Verdrängung, sondern eine bewusste Wahrnehmung dessen, was mit uns geschieht, um dem in uns aufbrandenden Chaos seinen Platz zuzuweisen. Andererseits sollten wir uns nun aber auch nicht zu sehr in dessen Wahrnehmung vertiefen, sondern einen neuen inneren Weg einschlagen.

Diese doppelte Taktik ist im Grunde genommen die Basis fast aller Meditationsmethoden, und deshalb können kleine meditative Übungen eine gute Möglichkeit sein, mit dieser inneren Unruhe positiv umzugehen. Eine bekannte Übung sieht so aus: Ich achte bewusst auf meinen Atem und versuche so langsam ruhig zu werden. Wenn Gedanken und Gefühle hochkommen, dann nehme ich diese zwar wahr, mache sie mir sogar bewusst, vertiefe mich aber nicht darin, sondern lasse sie vorüberziehen und kehre zu meinem Atem zurück. Eine ganz ähnliche, aber stärker imaginative Übung besteht darin, dass ich mir vorstelle, wie ich an einem Meeresstrand sitze und die Wellen meines Atems beobachte, die in mich hinein und aus mir heraus branden. Dahinter ist der weite Horizont des Meeres, der in seiner atemberaubenden Weite die Ruhe und die Gelassenheit symbolisiert, nach der ich mich sehne. Nun wird es aber auch hier Störungen geben. All das, was mich ablenken will, stelle ich mir nun ganz konkret als ein Schiff vor. Ich benenne dieses Schiff. Es heißt dann z.B. „Stress der vergangenen Woche" oder „Ärger mit den Kindern". Nach diesem Akt bewusster Wahrnehmung lasse ich dieses Schiff weiterfahren und kehre zu den Wellen meines Atems zurück. Manche Schiffe werden wiederkehren, andere weg bleiben und neuen Schiffen Platz machen. Aber insgesamt wird das Meer nach einiger Zeit vielleicht doch ein wenig ruhiger. Wenn ich eine solche Übung in der freien Natur machen möchte, also z.B. bei dem Spaziergang, von dem ich ausgegangen bin, dann schlage ich vor, sich nicht auf den Atem zu konzentrieren, sondern einfach bewusst wahrzunehmen, was um mich herum ist. Bewusst zu sehen, bewusst zu hören und zu riechen, vielleicht auch einmal zu einem Baum oder einem Stein hinzugehen, um ihn zu betasten. Bei jedem Gedanken oder Gefühl, das mich von dieser Wahrnehmung abhält, bleibe ich kurz stehen, gebe meinem Störfaktor einen Namen, um dann weiter zu gehen und meine Aufmerksamkeitsübung fortzusetzen.

Wenn es nur um Unruhe und Zerstreuung geht, dann werden diese Übungen oft schon reichen, um immer wieder in die Gegenwart zu finden. Anders geht es mir allerdings, wenn es um größere Störfaktoren geht, also um Dinge, die mir wirklich Sorgen machen oder regelrechte Ängste auslösen. Das kann der Ärger über einen Menschen sein, der mich verletzt hat. Das kann die Erinnerung an eine schwierige Aufgabe sein, die ich irgendwie bewältigen muss, bei der es mir aber noch ein Rätsel ist, wie ich sie anpacken soll. Vielleicht sorge ich mich aber auch um jemanden, der mir sehr am Herzen liegt. Was immer es auch ist, es beunruhigt mich und lässt sich auch durch mentale Techniken nicht einfach wegschicken.

In solchen Fällen können wir aus unseren Problemen ein Gebet machen. Das Schiff also nicht einfach nur weiterschicken, sondern es Gott anvertrauen. Haben wir nicht einen uns liebenden Gott, der uns dazu einlädt, uns vor ihm auszusprechen, ihm unsere Nöte anzuvertrauen? Ist Gott nicht das innerste Zentrum aller Wirklichkeit und damit auch der, der als einziger die Dinge „regeln" kann? Ein solches Gebet ist natürlich ein innerer Kraftakt, da es für uns ja oft nicht leicht ist, etwas wirklich loszulassen und Gott zuzutrauen, dass er sich unseres Problems annimmt. Deshalb ist auch alles willkommen, was unser Vertrauen stärkt. Oft hat es sich zum Beispiel als hilfreich erwiesen, sich Bibelworte ins Gedächtnis zu rufen, die zu solchem Vertrauen ermutigen. Bibelworte sind konkret. Wir können uns in ihnen „festmachen". Wir können sie uns immer wieder „einreden", sie uns als Gegenrede zu unseren uns oft zermürbenden inneren Selbstgesprächen von Gott gesagt sein lassen. Zum Beispiel ein Wort aus dem 23. Psalm: „Der Herr ist mein Hirte, mir wird nichts mangeln, er weidet mich auf einer grünen Aue ..." Oder der Zuspruch aus dem 1. Petrusbrief: „All eure Sorge werfet auf ihn, denn er sorgt für euch." (1Pet 5,7) Immer wieder, wenn eine Sorge in mir hochkommt, bleibe ich dann bei meinen Spaziergang nicht nur kurz stehen, sondern spreche es mir laut oder leise zu: „Gott hat es versprochen: Er will für mich sorgen." Das ist mehr als Imagination, und doch kann auch hier die Imagination uns unterstützen. Ich stelle mir manchmal ganz kindlich und naiv vor, dass Gott einen großen Notizzettel hat, auf dem er alles aufgeschrieben hat, was ich ihm anvertraut habe, er also in keinem Fall vergessen wird, sich um mich zu kümmern. Auch Bilder, die Gottes Liebe und Macht beschreiben, können helfen. Wenn ich nicht glauben kann, dass Gott mit meinen Problemen fertig wird, weil er im „Himmel" ist und ich auf Erden, weil ich mich weit entfernt von ihm fühle, dann kann ich mir ins Gedächtnis rufen, dass Gott der Schöpfer ist: nicht nur der, der am Anfang alles geschaffen hat, sondern der, der als Mitte und innerstes Geheimnis seiner Welt immer noch alles am Leben erhält, ohne den nichts existieren würde, und der deshalb auch in dieser Welt etwas tun kann. Ich verweigere mich dem so beliebten „Käseglockenweltbild", nach dem Gott – wenn es ihn überhaupt gibt – nur außerhalb der Käseglocke unserer Welt etwas bewirken kann. Ich öffne mich für das biblische Weltbild, nach dem die Grenze zwischen dieser und der göttlichen Welt aus einer durchlässigen Membran besteht, wo Gott also in allem präsent ist –, und es deshalb nichts Realistischeres gibt als auf ihn zu vertrauen.

Nachdem ich mich auf diese Weise von meinen Sorgen „entsorgt" habe, bringe ich wie bei den zuerst besprochenen meditativen Übungen Taktik Zwei in Anwendung und wende mich erneut der Gegenwart zu. Auch hier kann es natürlich passieren, dass nach einiger Zeit die nächste Eruption aus den Tiefenschichten meiner Seele nach oben drängt oder die bereits „entsorgte" Sorge sich wieder zurückmeldet. Dann muss ich erneut zu Taktik Eins zurückkehren, kann es aber dort, wo ich Gott bereits etwas anvertraut habe, dabei belassen, mich selbst noch einmal daran zu erinnern, nach dem Motto: „Ich habe meine Sorgen in Gottes Hände gelegt. Dort sind sie immer noch und deshalb kann ich sie nun auch getrost dort lassen." Wichtig ist nur, immer wieder von der Wahrnehmung meines sorgenvollen Geistes zum anderen Pol zu gelangen: dem bewussten Achten auf das, was jetzt meine konkrete Gegenwart ausmacht. Wenn ich mir das vornehme, dann ist für mich der Sonntag natürlich auch mit Arbeit verbunden, zumindest mit innerer Arbeit. Paradox formuliert: Ich arbeite daran, innerlich an den Punkt zu kommen, wo ich nicht mehr arbeite, wo ich mich nicht mehr sorge und mühe. Aber warum auch nicht? Wenn sogar Gott am Schabbat ein wenig gearbeitet hat, um die Ruhe zu schaffen, dann müssen vielleicht auch wir ein wenig arbeiten, um in unserem Leben die innere Ruhe zu gewinnen.

Vom Segen des Loslassens Im Judentum gibt es das Gebot, am Schabbat nicht in erster Linie an seine Bedürftigkeit zu denken. Damit sind nicht nur elementare Bedürfnisse wie Hunger oder Durst gemeint, sondern auch psychische Nöte. Deshalb fallen alle konkreten Bitten im offiziellen liturgischen Gebet am Schabbat weg. Was bleibt ist der reine Lobpreis Gottes. Das Gebot, nicht an den eigenen Mangel zu denken, geht dabei so weit, dass am Schabbat sogar das Trauern „verboten" ist. Nun ist es natürlich eine (psychologisch) sehr fragwürdige Angelegenheit Trauer verbieten zu wollen. Das wissen auch Juden. Dennoch geht man anscheinend davon aus, dass es auch für die Trauerarbeit wichtig ist, zumindest an einem Tag der Woche seinen Blick ganz bewusst auf etwas anderes – Positives – zu richten, also nicht nur den Verlust wahrzunehmen und zu erleiden, sondern auch das zu sehen, was trotz allem noch geblieben ist. Die Tendenz all dieser Verbote ist jedenfalls klar: Wir sollen am Schabbat nicht an unsere Probleme denken, weder die physischen noch an die psychischen, wir sollen so leben, als ob wir schon im Paradies wären.

Das mag dem einen oder anderen so vorkommen, als ob hier die Verdrängung empfohlen würde. Mancher wird erwidern, dass durch Verdrängung keines unserer Probleme gelöst wird. Nun ist das sicher richtig, und ich bin der Letzte, der nicht von der Notwendigkeit innerer bzw. therapeutischer Arbeit überzeugt wäre, dennoch kann ich dieser Form von „Verdrängung" auch etwas abgewinnen. Ich halte sie an bestimmten Punkten unseres Lebens sogar für notwendig, und

zwar vor allem dort, wo wir uns zu sehr in unsere Probleme
verrannt haben. Wir alle kennen das doch: Es macht uns
etwas zu schaffen, wir laborieren daran herum, denken alle
möglichen Lösungsmöglichkeiten an, und kommen doch nicht
weiter. Wir sind wie jemand, der mit dem Auto stecken geblieben ist, und sich durch immer neues Gasgeben und Lenken nur
noch tiefer in den Sand oder den Morast eingräbt. An einem
solchen Punkt ist es ungeheuer schwer, innerlich loszulassen.
Wir stehen unter Zwang, wollen um jeden Preis eine Lösung,
und genau dadurch blockieren wir uns. Vielleicht haben wir
aber auch das andere erlebt: Irgendetwas zwingt uns, unser
seelisches Problemwälzen aufzugeben. Vielleicht ein Freund,
der nicht locker lässt, bis wir mit ihm etwas unternehmen.
Vielleicht schaffen wir es manchmal auch selbst, unser Problem unerledigt stehen zu lassen, um etwas anderes und
hoffentlich Angenehmeres zu tun. Plötzlich merken wir, wie
es uns besser geht. Wir sehen aus einer gewissen Distanz, dass
wir uns verrannt hatten und dass es neben unserem Problem
durchaus noch eine andere Wirklichkeit gibt, eine Wirklichkeit,
die unser „riesengroßes" Problem erheblich relativiert. Aber
manchmal passiert noch etwas viel Wunderbareres: In dem
Augenblick, wo wir losgelassen haben, wo wir eine Zeit lang
gar nicht mehr an unser Problem gedacht haben, fällt uns die
Lösung oder zumindest ein erster Schritt zu dieser wie eine
reife Frucht in den Schoß. Ich kann mir das nur so erklären:
Das Leben will mit einer gewissen Leichtigkeit fließen. Das gilt
für das natürliche Leben wie auch für das Leben, das Gott uns
schenkt. Doch wir Menschen wollen das Leben nicht durch
uns hindurch fließen lassen, sondern wir wollen es selbst
erzeugen. Wir wollen die Dinge in unsere Hände nehmen,
und dadurch wird alles unendlich kompliziert, bis dahin,
dass wir uns selbst blockieren. Wir sind wie ein verknoteter

Schlauch, der das Fließen des Wassers behindert. Der Knoten ist unser Eigensinn, unser Trotz, unser gewaltsames Alles-selbst-Machen-Wollen. Doch in dem Augenblick, wo wir das aufgegeben haben, wo wir innerlich losgelassen haben, werden genau die Kräfte in uns frei, die für eine sinnvolle Lösung notwendig sind. Der Sonntag ist aus dieser Perspektive eine Einladung, nicht das Verdrängen, sehr wohl aber das Loslassen zu praktizieren.

Der Gottesdienst am Sonntag Wer als Christ den Sonntag bewusst begeht, für den wird der Gottesdienstbesuch eine wichtige Bedeutung haben. Dieser Sonntagsgottesdienst sollte, wenn man den Sonntag von seiner inneren Mitte her gestalten will, eine kleine, sich wöchentlich wiederholende Auferstehungsfeier sein: ein Fest des Lebens, ein Raum, in dem Gottes Liebe erfahrbar wird, ein Ort, wo wir die stärkende Kraft der christlichen Gemeinschaft erleben. Es ist deshalb sehr zu begrüßen, dass viele evangelischen Gemeinden in Anlehnung an die katholische Tradition dazu übergegangen sind, am Sonntag in größerer Regelmäßigkeit Abendmahl zu feiern. Denn in Brot und Wein ist die Liebe Gottes ganz leibhaftig zu schmecken und zu kosten. Hier wird des Weiteren deutlich, dass wir durch den Glauben an Christus zu einer neuen Gemeinschaft geworden sind, dazu berufen, nicht nur auf der Kirchenbank nebeneinander zu sitzen, sondern unser Leben in Liebe miteinander zu teilen. Besonders wichtig ist in der evangelischen Gottesdiensttradition das Hören auf Gottes Wort, das uns durch die verschiedenen Lesungen und die Predigt verkündigt wird.

Dabei geht es nicht in erster Linie um theologische Infor-mationsvermittlung auf möglichst hohem ästhetischem und rhetorischem Niveau, sondern darum, dass mir die Bibel ganz persönlich zum Wort Gottes wird, dass ich mich von Gott angesprochen, ermutigt und herausgefordert fühle. Jeder, der dies schon erfahren hat, weiß, dass dies eine wunderbare Erfahrung ist. Man weiß nicht, wie das zugeht, aber plötzlich fühlt man sich im Herzen angesprochen: Das Leben hat eine neue verheißungsvolle Richtung bekommen. Man kann plötzlich wieder atmen.

Nun weiß ich natürlich, dass unsere Gottesdienste von dieser idealen Wirklichkeit oft noch weit entfernt sind. Gelegentlich kann es sogar geschehen, dass der Besuch eines steifen und lieblos gefeierten Gottesdienstes einen eher in Depressionen stürzt, als dass er hilft, den Sonntag dankbar und fröhlich zu begehen. Doch wie dem auch sei, auf Dauer bedarf eine Neubelebung des Sonntag auch der Neubelebung unseres gottesdienstlichen und gemeindlichen Lebens, und dazu kann jeder Einzelne eine Menge beitragen, und das selbst dann, wenn er nicht in der Position sein sollte, großartige Neuerungen einzuführen. Schließlich ist es sein Entschluss, ob er seinen Nachbarn freundlich begrüßt oder eine Stunde lang stumm neben ihm sitzt. Genauso wie es seine Entscheidung ist, ob er nach dem Orgelnachspiel sofort nach Hause geht oder versucht, mit dem einen oder anderen noch ins Gespräch zu kommen. Selbst wenn ich als Einzelner den Gottesdienst nur bewusst mitfeiere, wird der Geist, der in mir herrscht, sich auch auf das Gesamtgeschehen auswirken. Damit komme ich zu einem sehr wichtigen Punkt: Bewusst mitfeiern, das heißt eben auch in Erwartung mitfeiern, im Vertrauen darauf, dass Gott sich mir heute in diesem Gottesdienst schenken will. Es mag ja sein, dass es Gottesdienste gibt, die – objektiv betrachtet – sehr „dürftig" sind. Ebenso erleben wir oft genug, wie langweilig und nichts sagend Predigten sein können. Das alles soll nicht beschönigt und auch nicht gut geheißen werden.

Dennoch behaupte ich: Wenn ich mit einem erwartungsvollen Herzen in einen Gottesdienst gehe, dann ist die Wahrscheinlichkeit groß, dass mir der Gottesdienst auch etwas „bringen" wird. Gott kann durch einen langweiligen Prediger zu mir sprechen, durch monoton vorgetragene Lesungen, ebenso wie durch zu schnell und zu langsam gespielte Lieder. Ich kann das Wirken des Heiligen Geistes zwar nicht machen, aber ich kann und soll mich dafür bereit machen. Der Heilige Geist ist ein nobler Geist: Er zwingt sich uns nicht auf. Er vergewaltigt uns nicht. Er respektiert unsere Freiheit so sehr, dass er um sein Wirken gebeten sein will. Insgesamt gilt auch im Bereich des Gottesdienstes das bekannte Gebet: „Herr, erneuere die Kirche, aber fang bei mir an."

Und wenn ich keinen freien Sonntag habe? Zum Schluss noch ein Wort zu all denen, die aus beruflichen Gründen daran gehindert werden, den Sonntag in dieser oder einer anderen Form zu feiern. Eine solche Situation ist aus den unterschiedlichsten Gründen natürlich nicht ideal. Sie ist vor allem deshalb nicht ideal, weil es unserer Psyche und unserem Körper gut tut, einen regelmäßigen Lebensrhythmus zu haben. Wir Menschen sind nun einmal Gewohnheitstiere und können uns nur schwer darauf innerlich einstellen, wenn der freie Tag – zum Beispiel infolge von Schichtarbeit – dauernd auf einen anderen Tag fällt.

Außerdem lebt der Sonntag auch davon, dass wir ihn mit anderen zusammen feiern. Wie soll das geschehen, wenn einer oder alle an ganz unterschiedlichen Tagen frei haben? Hier tritt besonders deutlich zutage, wie wichtig es ist, dass es in diesem Bereich einen gesellschaftlichen Konsens gibt. Schließlich ist für einen Christen auch aus inhaltlichen Gründen der Sonntag nicht einfach austauschbar.

Trotz dieser gewichtigen Argumente sollte niemand verzweifeln, dem die Sonntagsfeier überhaupt nicht oder nur in bestimmten Abständen möglich ist. Unser Heil hängt nicht am Sonntag. Wir können auch auf anderen Wegen die Ruhe finden, die wir zum Leben brauchen. Wenn der Sonntag nicht unser Ruhetag sein kann, dann ist es eben der Montag oder irgendein anderer Wochentag, eben der Tag, an dem wir frei haben. Natürlich ist das erst einmal „nur" ein freier Tag. Aber auch an einem solchen Tag ist Gott für uns da und will uns seine Güte und Freundlichkeit in allen Dimensionen unseres Lebens schmecken lassen. Der Sonntag selbst müsste damit nicht ganz ausfallen, würde aber eben auf das begrenzt werden, was an diesem Tag dem Einzelnen möglich ist: vielleicht ist es ja sogar ein Gottesdienstbesuch – kaum jemand arbeitet von früh morgens bis spät abends –, vielleicht ist es aber auch nur eine kurze Zeit der Besinnung am Morgen oder eine Andacht beim Frühstück im Kreis der Familie. Die eigentlichen sonntäglichen Gehalte – Zeit zur Muße und Besinnung – müssten dann freilich auf den freien Tag verteilt werden. Wie gesagt: Ich halte diese Situation nicht für ideal, aber oft bleibt uns nichts anderes übrig, als mit solchen Kompromissen zu leben. Den freien Tag sollten wir uns allerdings in keinem Fall nehmen lassen. Sonst geht uns auf Dauer die Kontrolle über unser Leben verloren. Sonst werden wir tatsächlich zu Menschen, die sich nur noch leben lassen.

Der Sonntag: ein Fest nur für Familien? Der jüdische Schabbat ist primär ein Familientag. Auch die hier gemachten Vorschläge einer christlichen Sonntagsfeier hatten immer die Familie mit im Blick. Die Frage liegt deshalb nahe: Was ist mit all den Singles, die in unserer Gesellschaft immer mehr zunehmen? Ist der Sonntag ausschließlich ein Familientag?

Auf keinen Fall! Ich kann mir sogar vorstellen, dass Singles sich in vielerlei Hinsicht leichter damit tun, zu einer positiven Sonntagsgestaltung zu finden. Singles haben den großen Vorteil, dass sie für sich alleine planen können. Sie müssen nicht allzu viel Rücksicht auf andere nehmen. Wenn ihnen danach ist, einen Sonntag einmal ganz ruhig und entspannt zu verbringen, ohne jemanden sehen zu müssen, dann können sie das tun. Sie müssen sich dafür nicht vor dem Familienrat rechtfertigen.

Das einzige „Problem" bei Singles könnte darin bestehen, dass sie eben nicht automatisch die Gruppe haben, mit der sie den Sonntag zusammen begehen können, eben die Familie. Aber auch das muss nicht unbedingt ein Nachteil sein. Denn zum einen kann einem die Familie manchmal auch zu viel werden, so dass selbst mancher Familienmensch zumindest ab und zu vielleicht auch froh wäre, wenn er sich seine Sonntagsgesellschaft selbst aussuchen könnte. Zum anderen kann sich ein Single ja jederzeit ein paar Freunde zum Abendessen einladen oder, wenn er Lust hat, am darauf folgenden Sonntag etwas mit Freunden unternehmen. Wenn jemand zu einer lebendigen Gemeinde gehört, dann hat er auch auf diese Weise – und hoffentlich nicht nur in Form des Sonntagsgottesdienstes – vielfältige Möglichkeiten, Gemeinschaft zu erleben.

Meine schönsten Sonntage habe ich als Student erlebt, wo ich in einer Gemeinde gewohnt habe, in der es viele Hauskreise gab. Solche Hauskreise, in denen man sich regelmäßig trifft, zeichnen sich dadurch aus, dass man das Leben und den Glauben auf sehr persönliche Weise miteinander teilt. Ich war in einem Hauskreis mit Studierenden, und der Sonntag sah oft so aus, dass wir nach dem Gottesdienst noch gemeinsam gekocht und anschließend oft noch etwas unternommen haben: Wanderungen, Badeausflüge, Fahrradtouren, Biergartenbesuche, alles war möglich, und es war fast immer ein schönes Erlebnis. Vielleicht ist allein stehenden Menschen ein wenig mehr an Planung abverlangt, aber genau das – die Freiheit und Möglichkeit selbstständig zu planen – kann auch ein Vorteil sein.

Ein im Horizont des Schabbats gelebter Alltag
oder
Die Kunst der rechten Balance
zwischen Arbeit und Ruhe

Wie könnte denn nun ein im Geist des Schabbat gelebter Alltag aussehen? Welchen Hinweis gibt uns die Bibel dazu? Bei Lukas (10,38–42) findet sich folgende – salopp nacherzählte – Geschichte:

Jesus besucht Martha und Maria, zwei Schwestern, mit denen er schon länger freundschaftlich verbunden war. Kaum ist er eingetreten, kommt Martha ihm mit Küchenschürze und Kochlöffel in der Hand entgegen. In aller Eile begrüßt sie Jesus: „Schön, dass du endlich wieder mal bei uns vorbeischaust. Ich hab' leider noch ein wenig in der Küche zu tun, das Essen ist noch nicht ganz fertig. Aber geh doch bitte schon mal rein und mach's dir gemütlich. Maria ist ja auch da." Und just in dem Moment, wo Jesus etwas erwidern wollte, war sie auch schon wieder weg. Maria jedenfalls freut sich auf die Zeit mit Jesus. Sie liebt es, mit ihm zu reden, weil dann immer alle Lebensgeister in ihr pulsieren. Regelmäßig wird sie von einer großen Sehnsucht ergriffen, wenn er von Gott erzählt. Sie hat dann das Gefühl, dem Geheimnis Gottes ein gutes Stück näher zu kommen. So sitzt sie zu Jesu Füßen und hört ihm ganz gebannt zu – während im Nebenzimmer die Töpfe klappern. Martha überschlägt sich förmlich vor Aktivität. Anfangs war sie noch froh, dass sich Maria um Jesus kümmert und sie in Ruhe alles fertig machen kann.

Doch mit der Zeit wurde sie dann doch ärgerlich: „Das ist doch wieder typisch. Ich spring hier im Dreieck, und meine liebe Schwester diskutiert mit dem Meister über spirituelle Fragen." Eine Zeit lang gelingt es ihr noch, den Ärger hinunter zu schlucken. Doch bald hat er sie wieder gepackt, und dieses Mal umso heftiger. Wutentbrannt, ohne viel nachzudenken, stürmt sie zu den beiden hinein: „Herr", so sagt sie, „stört es dich eigentlich nicht, dass meine liebe Schwester mich alleine in der Küche schuften lässt und keinen Finger rührt. Also bitte, sag ihr doch, dass sie mir helfen soll." Doch dann kam der große Schock. Jesus stellt sich nicht auf ihre Seite. Er hält Maria keine Standpauke. Er sagt nur eins: „Martha, Martha, du hast viel Sorge und Mühe. Eins aber ist not. Maria hat das gute Teil erwählt; das soll nicht von ihr genommen werden."

„Maria hat das gute Teil erwählt." Das ist der Satz, der bei dieser Geschichte meist im Gedächtnis haften bleibt, und die Schlussfolgerungen sind dann schnell gezogen: Gespräche über geistliche Themen sind wichtiger als praktische Arbeit. Gebet steht über konkreter Nächstenliebe. Kontemplation ist wichtiger als Aktion.

So musste dieser Text nicht selten dazu herhalten, unsere Flucht aus der oft allzu grauen alltäglichen Wirklichkeit unseres Lebens zu rechtfertigen. Und natürlich: Er klingt auch wirklich wie eine fast schon perfekte Apologie für ein von den irdischen Dingen abgewandtes klösterliches Dasein. Doch es ist zweifelhaft, dass Jesus uns hier vor eine so schroffe Alternative stellen will. Sie würde auch nicht ganz zu seiner restlichen Botschaft passen, zum Beispiel zur Botschaft vom barmherzigen Samariter, die direkt davor erzählt wird. Vermutlich hat Jesus nur eines an Martha gestört: Nicht, dass sie Küchenarbeit verrichtet, sondern dass sie es nicht von ganzem Herzen tut. Wenn sie in der Küche gestanden wäre und sich gesagt hätte: „Es ist nun meine Aufgabe Jesus praktisch zu dienen, und dies will ich mit der ganzen Liebe und Hingabe meines Herzens tun", dann wäre sie wahrscheinlich sehr froh und heiter geblieben und nicht derartig zornig auf ihre Schwester geworden. Jedenfalls deuten ihre aufgebrachten Gefühle darauf hin, dass sie in sich gespalten war, nicht ganz bei der Sache, unzufrieden mit ihrer momentanen Tätigkeit, und wahrscheinlich auch deshalb eifersüchtig auf die Schwester. Umgekehrt schätzt Jesus an Maria, dass sie erkannt hat, was in diesem Augenblick dran ist: nämlich ihm zuzuhören und sich durch nichts und niemanden davon abbringen zu lassen: Nicht durch das Klappern der Töpfe und Pfannen nebenan und natürlich auch nicht durch die impliziten und expliziten Erwartungen ihrer Schwester.

Jesus wertet also nicht die Tätigkeit an sich. Er stellt keine Prioritätenliste auf, nach der dann im Himmel Punkte verteilt werden. Er sagt einfach nur: Überlegt euch gut, was in eurem Leben zu einer bestimmten Zeit und zu einem bestimmten Ort dran ist, was Gott jetzt von euch will, was das Gebot der Stunde ist. Und wenn ihr das erkannt habt, dann tut es mit der ganzen Hingabe und Liebe eures Herzens und lasst euch von nichts und niemandem davon abbringen. Das eine Mal ist das die Arbeit, das andere Mal sind das Rückzug, Stille und Gebet. Objektiv gesehen ist das eine nicht wertvoller als das andere, auch wenn heute vermutlich die Entscheidung für Letzteres mehr Mut kostet, da wir nun einmal in einer Gesellschaft leben, wo sich viele nur noch über die Arbeit definieren. Was Gott letztlich von uns will, ist eine Haltung der Achtsamkeit. Er will, dass wir Menschen in Liebe und ganzer Aufmerksamkeit begegnen, unsere Arbeit konzentriert und hingegeben verrichten, den Augenblick dankbar wahrnehmen und wachsam sind für die unzähligen Gaben und Herausforderungen, die er

in einen Tag hineingelegt hat. Ob etwas geistlich oder rein welt-
lich ist – Paulus würde sagen fleischlich oder geistlich – ist eine
Frage der inneren Einstellung, eine Frage des Geistes, der mich
an- und umtreibt, nicht eine Frage der Tätigkeit als solcher.

Vom Segen der Arbeit Es wäre vor dem Hintergrund dieser
neutestamentlichen Geschichte also absolut verfehlt, in der
alltäglichen Arbeit etwas Negatives zu sehen. Folglich kann es
auch nicht darum gehen, nur möglichst viel „Unterbrechung"
im Leben zu haben. Nein, es gehört zu unserer menschlichen
Würde zu arbeiten: etwas schaffen zu dürfen, Wirklichkeit zu
gestalten. Durch unsere Arbeit soll diese Welt mit Glauben,
Liebe und Hoffnung erfüllt werden. Es verleiht uns Selbst-
bewusstsein, wenn uns unsere Arbeit gelingt, auch wenn die
Arbeit nicht die tiefste Quelle unseres Selbstwertgefühls sein
darf. Solche Weltgestaltung erfordert viel: die Fähigkeit zur
Organisation und zu Management, Weisheit und Intelligenz,
technisches Wissen, Kreativität und Liebe, genauso wie die
Bereitschaft zu konkreten und manchmal auch mühsamen
kleinen Schritten. Aber auch dort, wo wir nur etwas Kleines
und Belangloses tun oder etwas absolut Monotones und
Langweiliges, wenn wir ganz an unsere Arbeit hingegeben
sind, dann ist sie Gottesdienst. Nicht nur, weil unsere Arbeit
anderen Menschen dient, sondern auch, weil sie selbst durch-
lässig werden kann für die Gegenwart des lebendigen Gottes.
Gott ist ja nicht jenseits unserer Welt, er ist mitten in unserer
Welt gegenwärtig. Er ist gerade dort erfahrbar, wo Menschen
ganz an etwas hingegeben sind und so ein Höchstmaß an Achtsamkeit entwickeln. Sehr schön hat diese Alltagsmystik Martin
Buber beschrieben: „Denn nicht von allem absehen heißt in
die reine Beziehung treten, sondern alles im Du sehen; nicht
der Welt entsagen, sondern sie in ihren Grund stellen. ... ‚Hier

Welt, dort Gott' – das ist Es-Rede; und ‚Gott in der Welt' – das
ist andre Es-Rede; aber nichts ausschalten, nichts dahin-
terlassen, alles – all die Welt mit im Du begreifen, der Welt ihr
Recht und ihre Wahrheit geben, nichts neben Gott, aber auch
alles in ihm fassen, das ist vollkommne Beziehung."[20] Viele
Menschen erleben immer wieder, dass durch solche Hingabe
auch ganz stumpfsinnige Arbeiten zu einer erfüllenden Tätigkeit werden können. Erfüllend, weil das Ganz-bei-etwas-sein
für den öffnet, der der Urgrund aller Dinge ist, und von dem
allein immer wieder Sinn und Fülle in die Leere unsres Lebens
strömen kann. Martin Buber steht mit seiner Alltagsmystik
nicht allein. Fast alle großen Mystiker betrachten die Arbeit
als etwas Positives, etwas, das uns nicht von Gott trennen
muss, sondern sogar ein besonderes Bewährungsfeld unserer
Spiritualität darstellt. In dem benediktinischen „ora et labora"
(„bete und arbeite") hat diese Haltung ihren treffenden Ausdruck gefunden.

In wunderschönen Worten preist Khalil Gibran die durch
Liebe und Hingabe geheiligte Arbeit:

„Und was heißt, mit Liebe zu schaffen?
Es ist, zu weben das Tuch mit Fäden, gesponnen aus eurem Herzen,
gleich als solle eure Geliebte diesen Stoff tragen.
Ein Haus zu bauen mit Zuneigung, gleich als solle euer Geliebter in
diesem Hause wohnen.
Zu säen die Saat mit Zärtlichkeit und zu ernten die Ernte mit
Freuden, gleich als solle eure Liebste von diesen Früchten essen.
Zu durchdringen jedes Ding, das ihr herstelltet, mit einem Hauch
eures eigenen Geistes.
Und zu wissen, daß alle die Seligen euch umstehen und euch
betrachten. ...
Arbeit ist sichtbar gemachte Liebe.

*Und so ihr nicht könnet arbeiten mit Liebe, sondern nur mit
Widerwillen, so wäre es euch besser, zu verlassen euer Werk und zu
sitzen am Tore des Tempels und Almosen zu nehmen von denen, die
da arbeiten mit Lust.*
*Denn so ihr gleichgültig euer Brot backt, so backt ihr ein bitteres
Brot, das nur zur Hälfte stillt des Menschen Hunger.*
*Und so ihr unlustig zerquetschet die Trauben, so sondert eure
Unlust ein Gift ab in den Wein.*
*Und so ihr singet wie die Engel, und liebet nicht den Gesang, so ver-
schließet ihr die Ohren der Menschen den Stimmen des Tages und
den Stimmen der Nacht.“*[21]

Die im Alltag so dringend nötigen Unterbrechungen Achtsamkeit wird nun allerdings nur dort unser Leben prägen, wo
wir immer wieder den Mut finden, uns mitten im Alltag von
den alltäglichen Erwartungen, von unseren wirklichen oder
auch „nur“ eingebildeten Zwängen so zu distanzieren, dass
wir das Leben wieder in innerer Freiheit in Angriff nehmen
können. Es ist paradox: Aber nur wer den Mut hat, sich mitten
im Alltag von Zeit zu Zeit über seine Alltagsgeschäfte zu
erheben, ihnen den zweiten Rang zuzuweisen, wird auf Dauer
dem Alltag im tiefsten gerecht werden. Also nicht weil wir die
Arbeit gering schätzen, sondern gerade weil wir sie ganz ernst
nehmen und ihr im Tiefsten gerecht werden wollen, brauchen
wir die kleinen Unterbrechungen. Sie sollen uns dort, wo wir
neben uns geraten, helfen, wieder zu Gott, uns selbst und
unserer aktuellen Aufgabe zurückzufinden. Ist der Sonntag für
uns das große Heiligtum, in das wir eintreten, so wären diese
Zeiten kleine Kapellen, die aber nichts desto weniger eine
wichtige Aufgabe haben.

Zeit für das Beten

Zeiten im Tag aufsparen,
Zonen der Stille um
Gespräche und Handlungen legen.

Den inneren Lärm der Wünsche
und die laute Außenwelt abklingen lassen.
Hinunterhorchen bis in die untersten
Schichten des eignen Seins.
Sich der Stille anvertrauen,
dem Mann, der Frau, den Kindern,
den Freunden,
den Feinden lange in die Augen schauen, sich ins Schweigen
einüben,
sich in die Bibel einführen lassen,
Bilder und Gleichnisse aufleben lassen,
die Zeichen der Natur andächtig betrachten,
die Zeremonien des Alltags pflegen,
persönliche und ehrliche Gespräche führen,
sich selbst, die Welt und Gott annehmen lernen,
sich selbst und seine Schatten sehen,
sich Gott und den Menschen mit
dem Herzen zuwenden.
In Kirchen eine geheime Welt erahnen.
Angesprochen werden,
sich dem Anspruch stellen, sich betreffen lassen
und betroffen werden.
Martin Gutl

Im Judentum gibt es drei tägliche Gebetszeiten, im christlichen Mönchtum sind es noch mehr. Mir ist wichtig, aus solchen Gebeten kein Gesetz zu machen, weder was die Zahl noch was den Inhalt angeht. Sehr sinnvoll finde ich jedoch eine Meditations- oder Gebetszeit am Morgen, eine am Abend, und vielleicht, zumindest in Form eines kurzen Innehaltens, auch eine in der Mitte des Tages. Es ist in diesem Zusammenhang übrigens interessant, dass es in vielen Kirchen immer noch das Gebetsläuten gibt, das an diese Zeiten erinnern soll. „Jede Stunde des Tages hat ihren eigenen Ton. Aber drei sind, die sehen uns mit besonders klarem Antlitz an: Der Morgen, der Abend und zwischen beiden die Mittagsstunde. Und sie alle sind geweiht."[22]

Der Morgen Der Meditationszeit am Morgen kommt deshalb so entscheidende Bedeutung zu, weil ich mich in ihr gleichsam innerlich auf den Tag hin ausrichte. Ein frommer Jude soll am Morgen als erstes beten: „Gott, ich danke dir, dass du mir in Liebe meine Seele wiedergegeben hast." Ein wunderbares Gebet! Ein Gebet, das klar macht, dass kein Tag, den wir leben und erleben, selbstverständlich ist. Jeder Tag, jede Stunde, jede Minute und Sekunde sind von Gott geschenkte Zeit. Es ist ein Wunder, dass wir leben. Würde Gott nur einen kurzen Augenblick seine göttliche Schöpfungs- und Lebensenergie zurücknehmen, dann würde unser Leben wie ein Kartenhaus in sich zusammenfallen. Wir leben nicht aus uns selbst heraus. Wir verdanken uns seiner Liebe. Wer in diesem Bewusstsein einen Tag beginnt, der kommt aus dem Staunen nicht heraus. Für den ist kein Tag mit dem anderen identisch, sondern jeder Tag ein einmaliges göttliches Geschenk. Auf einmal sind wir wie Kinder, die die vor ihnen liegende Zeit wie einen großen Geschenkkarton in Empfang nehmen. Voller

Freude packen sie ihn auf. Voller Neugierde und Erwartung
sind sie gespannt auf das, was Gott da alles hineingelegt hat.
Auf den anbrechenden Tag bezogen: Wir trauen unserem
gütigen und liebenden Vater zu, dass es viel Gutes ist, das er
für uns vorbereitet hat. Das muss nicht heißen, dass alles einfach sein wird. Aber auch die schwierigen Herausforderungen
wollen wir aus seiner Hand nehmen, im Vertrauen darauf, dass
er sich schon etwas dabei gedacht haben wird, wenn er uns
diesen oder jenen Klotz vor die Füße wirft, er uns jedenfalls
auch das Böse und Dunkle zum Guten gereichen lassen will. Es
gibt eine Art morgendliche Alltagsneurose, am Montag früh
oft besonders stark ausgeprägt. Sie besteht darin, dass einem
vor dem Alltag mit seiner oft leeren Routine so sehr graut,
dass man am liebsten gar nicht aufstehen möchte. Die bewusste morgendliche Ausrichtung auf Gott hin kann dem heilsam
entgegen wirken.

Rat

Verabschiede die Nacht
mit dem Sonnenhymnus
auch bei Nebel

hol dir die ersten
Informationen aus den
Liedern Davids

dann höre die
Nachrichten und lies
die Zeitung

beachte die Reihenfolge
wenn du die Kraft
behalten willst
die Verhältnisse zu ändern
bete gegen das
fünfsternige Nichts
das dir aus jedem Kanal
entgegentönt

Wilhelm Bruners

Der Mittag Der Mittag ist oft anstrengend: Der morgendliche Elan ist vorbei und manchmal macht sich – gerade nach dem Mittagessen – die Müdigkeit breit. Das Mönchtum hat der Mittagszeit sogar einen eigenen Dämon zugeordnet, den Dämon der acedia, den Mittagsdämon. „Der Dämon der acedia ist für die alten Mönche der gefährlichste. Er enthält in sich fast alle Anfechtungen und Gedanken. Während die anderen Dämonen nur einen Teil der Seele berühren, besetzt der Mittagsdämon die ganze Seele. ... Er erstickt den Verstand. Er raubt der Seele jede Spannkraft. Man hat zu nichts mehr Lust."[23] So ist es in der Mittagszeit nicht ganz einfach, noch einmal neu Spannkraft zu entwickeln, um auch die zweite Tageshälfte positiv in Angriff zu nehmen. Aber gerade deshalb ist es umso wichtiger, sich jetzt noch einmal mit aller Kraft Gott zuzuwenden, ihn zu bitten, uns in unserer Müdigkeit und Kraftlosigkeit aufzuhelfen.

Der Abend Auch das Gebet am Abend hat eine eminent wichtige Funktion. „Gerade am Abend ist es gut, sein Herz Gott zu öffnen, den Tag vor Ihm noch einmal zu überdenken und sich zu sammeln für die Ruhe, die nur er uns zu schenken vermag. ... Manches, was ich am Tage getan, geredet, gewollt, überhört, überspielt, gefehlt habe, trägt zu den heimlichen Sorgen, zu den unheimlichen Ängsten in den Abgründen meines inneren Lebens immer noch Neues, Bedrückendes hinzu. Aber wenn ich es Gott übergeben darf, kehrt durch das Vertrauen zu Ihm Ruhe in mir ein."[24]

Das Abendgebet lehrt uns auch die Dankbarkeit im Herzen zu bewahren. Wie oft haben wir am Morgen Gott schon gebeten, uns in dieser und jener Angelegenheit beizustehen. Dann hat uns Gott tatsächlich beigestanden, und wir gingen weiter und haben ihn vergessen. Der abendliche Rückblick hilft uns zu staunen über die Treue Gottes, ist ein Heilmittel gegen unsere Vergesslichkeit und so gleichzeitig eine Ermutigung, unserem Gott auch in Zukunft zu vertrauen.

Aus Hoffnung schlafen

Den bewußten Tag ablegen
wie man ein Kleid abstreift.

Den Tag übergeben können
und ohne Anspruch auf den nächsten warten
wie ein Bettler auf das Brot.

Das Beben seines Geistes
in der Stille
verebben lassen,
von Seinem Antlitz
sich richten lassen,
in Seinen Augen Gnade finden.

Aus Hoffnung schlafen können.
An die Kraft der Keime
im Acker glauben,
die in unsichtbaren Tiefen
die Ernte vorbereiten. *Martin Gutl*

Solche Gebetszeiten leben von schabbatlichen Elementen. Sie leben von der Kunst der Abgrenzung, von der Bereitschaft, Alltag und Gedanken für einen Moment loszulassen, um frei zu werden für Gottes Gegenwart. Deshalb ist auch alles willkommen, was hilft, dieses Loslassen effizienter zu machen. Dem einen genügt vielleicht ein Gebet, wo er all seine Nöte und

Gedanken Gott anvertraut. Der andere praktiziert eine Körper- oder Atemmeditation, um allmählich zur Ruhe zu kommen. Wieder ein anderer lebt von der spirituellen Kraft des alt- kirchlichen Jesusgebetes, das die Anrufung „Jesus Christus, Sohn Gottes, erbarme dich meiner!" mit dem eigenen Atem verbindet. Was immer es auch ist – und es darf auch bei jedem Menschen etwas anderes sein – wenn es uns beim Loslassen hilft, uns hilft, in Gottes Gegenwart still und empfangsbereit zu werden, dann ist es gut. Der zweite Schritt muss dann freilich wie beim Schabbat darin bestehen, den entstandenen Raum der Stille positiv zu füllen: mit einem Gebet, mit einer biblischen Lesung, vielleicht auch nur mit dem bewussten Hören auf die Stille und Gottes Gegenwart. Es ist hier nicht der Ort, auf die Frage ausführlicher einzugehen, wie solche Meditations- und Gebetszeiten positiv gefüllt werden können. Hier gibt es inzwischen auch jede Menge an hilfreicher Lite- ratur. In jedem Fall bedürfen solche spirituellen Praktiken der geduldigen Einübung, bis sie ihre heilsame Wirkung entfalten.

Diese so notwendigen rhythmisch-spirituellen Unter- brechungen muss jeder seinem eigenen Lebensrhythmus und auch Typ anpassen. Dem einen fällt es als Frühaufsteher leichter, eine etwas ausführlichere Gebetszeit am Morgen ein- zurichten, der andere bevorzugt den Abend. Dies sollte man ernst nehmen, ohne dabei die anderen Zeiten völlig auszublen- den. Auch nur ein paar Minuten des Innehaltens können schon große Wunder bewirken.

Neben solchen Gebetszeiten gibt es allerkleinste Formen des Mutes zur Unterbrechung. Ich denke an Augenblicke des kurzen Innehaltens und Staunens über die bunte Blumenwiese oder den schönen Sonnenaufgang. Augenblicke, die ich mir mitten in meiner Alltagsroutine gönne, um mich wieder daran erinnern zu lassen, dass das Leben mehr ist als stetige Pflichterfüllung. Ich denke auch an das so genannte Stoßgebet. Nicht immer habe ich die Zeit, mein Leben in dem eben beschriebenen heilsamen Rhythmus zu leben. Manchmal wiederum hätte ich zwar Zeit, aber es fehlt mir die nötige Disziplin und Energie. All das ist schade, auf Dauer sicher auch keine zu empfehlende Haltung, aber ein Unglück ist es nicht. Schließlich lebe ich nicht von meiner Frömmigkeit, sondern von der Güte Gottes. Eines jedoch kann ich immer: kurz innehalten und beten. Vielleicht habe ich ein schwieriges Gespräch vor mir. Vielleicht hat mich eine Angst befallen, die mir den Atem nimmt. Vielleicht ist mir gerade ein Mensch in den Sinn gekommen, um den ich mir Sorgen mache. Was immer es auch ist, ich kann meinen Blick bei solchen Anlässen kurz, aber entschieden auf Gott richten und sagen: „Bitte, hilf mir jetzt!", „Steh mir bei!", „Du siehst mich, gib mir, was ich brauche." „Nimm diesen Menschen oder dieses Problem jetzt in deine Hand." Solche kurzen, aber ehrlichen und ernst gemeinten Gebete können große Wunder bewirken, können uns im Dschungel des Alltags etwas von der heilsamen Kraft Gottes erfahren lassen. Freilich, und hier beißt sich die Katze wieder in den Schwanz: Ein Mensch, der keine festen Zeiten in seinem Leben hat, wo er die Gemeinschaft mit Gott pflegt, wird auf Dauer wohl auch nicht die Kraft zu solchen Stoßgebeten haben. Er verliert das Bewusstsein der göttlichen Gegenwart, und dies bildet nun einmal den Anfang aller Spiritualität. Auf lange Sicht kann das Stoßgebet das ausführliche Gespräch mit Gott nicht ersetzen.

Feierabend Doch es geht nicht nur um spirituelle Unterbrechungen. Es geht auch darum, dass wir die rechte Balance von Arbeit und Freizeit finden. Wenn es keine vollendete Zeit, keine vollendete Woche ohne Menucha gibt, dann gibt es auch keinen vollendeten Tag ohne Menucha. Nun werden die meisten berufstätigen Menschen tagsüber arbeiten und am späten Nachmittag oder gegen Abend frei haben. Der Abend ist bei einem solchen Lebensrhythmus deshalb oft die einzige Zeit, wo wir dieser Menucha Raum geben können. Die Frage ist: Gelingt uns das?

Manchmal ist es auch so, dass an die Stelle der beruflichen Arbeit abends einfach die Hausarbeit tritt. Wie dem auch sei, das Ergebnis bestünde so oder so darin, dass der Abend für uns seinen Charakter als Feierabend verliert. Manchmal wird das unvermeidlich sein. Wenn es jedoch zur Gewohnheit wird, dann tut uns das sicher nicht gut. Es wäre deshalb gut, wenn es uns gelänge, unsere Zeit so zu gestalten, dass am Abend noch genug Freiraum für die Dinge bleibt, die wir für ein ausgeglichenes und zufriedenes Leben brauchen, Dinge, auf die wir uns auch wirklich freuen können und die während des Tages oft zu kurz kommen.

Was ist mit unserem Drang nach Bewegung? Vielleicht wäre es gut, den Abend mit einem kleinen Jogginglauf einzuläuten oder einer Runde im Schwimmbad? Was ist mit unserer Freude an Kreativität? Mit unserer Sehnsucht, sich am Abend bei einem Glas Wein noch mit Familie oder Freunden zusammenzusetzen? Natürlich kann einen ein Tag so schaffen, dass man am Abend nicht mehr zu Höchstleistungen fähig ist. Außerdem sollten wir nun auch nicht in den Fehler verfallen, den Abend so mit allen möglichen Aktivitäten voll zu stopfen, dass uns dies gleich wieder unter Druck setzt. Aber das eine oder andere ist vielleicht doch noch möglich und kann – auch wenn es manchmal mit ein wenig Überwindung verbunden ist – uns davor bewahren, vor dem Fernseher langsam abzuschlaffen, um uns von dort aus zwar müde, aber vielleicht auch frustriert ins Bett zu schleppen.

Die andere heilsame Funktion des Feierabends besteht nun aber eben auch darin, Abschied zu nehmen: vom Tag Abschied zu nehmen, langsam zur Ruhe zu kommen, um die Nacht und den Schlaf zu empfangen. Dies ist vielleicht eine der schwierigsten Herausforderungen in unserer Zeit. Wir können nicht mehr ruhen. Wir können nicht mehr passiv sein. Nicht umsonst machen wir die Nacht zum Tag. All die Kräfte, die uns daran hindern, uns einen freien Tag zu gönnen, treiben auch hier ihr Unwesen. Weil wir dauernd funktionieren müssen, weil wir der Überzeugung sind, dass unsere Aktivität unentbehrlich ist, weil der Motor dauernd laufen muss, deshalb fällt es uns so wahnsinnig schwer, den inneren Motor am Abend abzustellen. Ich weiß auch nicht, ob es dafür ein Patentrezept gibt. Wahrscheinlich nicht. Aber wenn es uns gelänge, unsere Aktivität zunehmend zu reduzieren, Gewohnheiten zu finden, die uns allmählich zur Ruhe kommen lassen, dann wäre schon viel gewonnen. Man hat in der liturgischen Gebetstradition unserer Kirchen den Schlaf oft mit dem Tod verglichen. Tatsächlich haben der Abend und das Sterben etwas Elementares gemeinsam: Sie zwingen uns loszulassen, zwingen uns, an unsere Entbehrlichkeit zu glauben. Deshalb können sie wahrscheinlich auch nur dann positiv bewältigt werden, wenn wir aus dem Vertrauen heraus leben, dass nicht alles von uns abhängt, sondern von Gottes Liebe und Fürsorge. Wir dürfen darauf vertrauen, dass Gott für uns sorgen wird, wenn wir alles aus der Hand legen und schlafen. Vielleicht lernen wir gerade so, Gott auch dann zu vertrauen, wenn wir in der Stunde unseres Todes einmal alles loslassen müssen.

Schabbat für die Schöpfung

Wer sich darum bemüht, sein Leben im Horizont des Schabbat zu gestalten, wird sehr schnell ein Gespür für die ökologische Dimension einer neuen Schabbat- bzw. Sonntagskultur entwickeln. Nicht nur, weil der Schabbat von Anfang an auch dazu gedacht war, der Schöpfung die für ihre Regeneration so dringend nötige Auszeit zu gönnen. Nicht nur, weil er ein Symbol für die Erlösung der ganzen Schöpfung ist. Nein, auch deshalb, weil ein im Geist des Schabbat gefeierter Sonntag uns helfen kann, die Tugenden zu entwickeln, die nötig sind, um aus einem ökologischen Bewusstsein auch ein ökologisches Handeln folgen zu lassen. Ich will das ein wenig illustrieren.

Wie immer wir es auch wenden: Es wird uns nur dann gelingen, die ökologische Katastrophe abzuwenden, wenn wir auch bereit sind, in unserem persönlichen Lebensstil Einschränkungen auf uns zu nehmen. Die Entwicklung alternativer Energiequellen, technische Innovationen in den unterschiedlichsten Bereichen, all das ist gut und dringend notwendig. Wenn es uns gleichzeitig jedoch nicht gelingt, unseren Turbokapitalismus zurückzuschrauben und den Markt im Sinn einer sozialen und ökologischen Marktwirtschaft zu gestalten, dann wird all unser technischer Fortschritt wie ein Tropfen auf dem heißen Stein verdampfen statt die ersehnten Lösungen zu bringen.

Die Ideologie des ungebremsten Wachstums lässt sich aber nur dann in Schranken weisen, wenn ein Mentalitätswechsel eintritt, wenn immer mehr Menschen merken, dass ein Mehr an Lebensquantität kein Mehr an Lebensqualität bedeutet. Gerade diesem Mentalitätswechsel dient eine gepflegte Schabbat- bzw. Sonntagskultur. Der Mensch, der Schabbat oder Sonntag feiert, begreift von innen her, dass das Eigentliche im Leben nicht das Haben und das ständige Produzieren ist, auch nicht das blinde Ansammeln von Gütern, sondern es zuerst und zuletzt um das Sein geht, um das, was uns von Gott her aus Gnade geschenkt ist. Wir sind wertvoll, weil wir von Gott geliebt sind. Das Leben ist lebenswert, weil alles Gabe des gütigen Gottes ist. „Der wöchentlich wiederkehrende Schabbat ist eine Realutopie eines zweckfreien Lebens mitten in einem Leben, das von Zwecken beherrscht ist." (Franz Segbers)[25] Ein Mensch, der diese Haltung in seinem Leben einübt und immer stärker in sie hineinwächst, ist nicht wirklichkeitsfremd. Er weiß, dass gearbeitet werden muss. Auch er muss sich seinen Lebensunterhalt verdienen. Aber er weiß eben auch, dass alle Arbeit und alle Ökonomie einem höheren Zweck dienen, nämlich dazu, dass inmitten der Schöpfung etwas von der göttlichen Wirklichkeit aufleuchtet. Der Schabbat selbst ist das Ziel der Schöpfung. Er steht dafür ein, dass die Schöpfung erst dort an ihr Ziel gelangt ist, wo alles von Gottes Liebe, Gerechtigkeit und Schalom durchdrungen ist, wo Gott selbst zur Mitte der Schöpfung geworden ist.

Dieses Ziel können wir nicht realisieren. Aber es ist unsere Berufung, es durch einen entsprechend ökologischen Umgang zu bezeugen und Wirklichkeit in diesem Sinn zu gestalten. Ein wahrhaft schabbatlicher Mensch wird anders arbeiten, mit anderen Zielen und Vorstellungen als jemand, dem dieses ökologische Bewusstsein fehlt. Er kann auch anders arbeiten. Er kann es, weil er von der Diktatur des Immer-Mehr-Arbeiten-und-Haben-Müssens befreit ist. „Der Schabbat steht für eine Lebenskunst, die ein Wissen davon hat, dass es ein Genug gibt. Die sechs Tage Arbeit reichen für sieben Tage, nach sechs Jahren Arbeit ist zum Leben für das folgende Schabbatjahr noch genug da. ... Das Wissen von einem Genug begrenzt die Habgier und den Wachstumszwang." (Franz Segbers)[26]

Es ist in unserem Rahmen nicht möglich, detailliert zu überlegen, wie eine aus einer Schabbat- bzw. Sonntagskultur entwickelte Wirtschaftsordnung und Wirtschaftsethik aussehen könnte. Es muss nur deutlich sein, dass es bei der Suche nach einer neuen Sonntagskultur nicht nur um spirituelle Fragen geht, sondern um eine Dimension, die den gesellschaftspolitischen und ökonomischen Bereich unseres Lebens stark berührt. Vielleicht kann uns eine neue Schabbat-bzw. Sonntagskultur mehr als alles andere helfen, Antworten auf die Fragen zu finden, ohne deren Beantwortung alles in einer gewaltigen ökologischen Katastrophe zu enden droht. Ich möchte deshalb schließen mit einem Punkt aus der „Charta einer Schabbatkultur", die Wolfgang Dietrich entworfen hat:

„Die Schabbatkultur hilft der Erde, zu ruhen und zu sich zu kommen und sich zu regenerieren im Schabbatjahr als dem Jahr der Brache. Sie behandelt die Erde nicht als beliebiges Marktobjekt, sondern als lebendiges Wesen mit einem sensiblen Rhythmus seines eigenen Lebens. Sie spricht vom Erdrecht, von der Erdatmosphäre, vom Erdplaneten als dieser unwahrscheinlichen, überaus kostbaren Oase im All."[27]

Mein letzter verkaufsoffener Sonntag

Es ist Sonntagnachmittag in Bayreuth. Der Familienrat tagt:
Wir überlegen, ob wir am Nachmittag noch gemeinsam etwas
unternehmen wollen. So eine richtig gute Idee hat niemand,
aber andererseits wäre es auch eine Schande daheim zu
bleiben. Dafür ist das Wetter viel zu schön. Plötzlich der Vorschlag: „Lasst uns doch in die Stadt gehen. Dann können wir
uns irgendwo hinsetzen, einen Kaffee trinken – die Begeis-
terung unserer Kinder hält sich in Grenzen – oder ... ein Eis
essen", worauf zumindest ein kleines Glitzern in den Augen zu
erkennen ist. Eines hatten wir nun allerdings nicht bedacht:
dass heute verkaufsoffener Sonntag ist. Erst angesichts des
ungewöhnlich hohen Verkehrsaufkommens in der Innenstadt
beschlich uns die Ahnung, dass heute irgendetwas Besonderes
sein muss. Plötzlich fiel meiner Frau wieder ein, was sie tags
zuvor in der Zeitung gelesen hatte: Am Sonntag haben zur
großen Freude aller Menschen unserer Stadt die Geschäfte in
der Innenstadt offen.

Ich muss zugeben: Das Capuccinotrinken in der Fußgänger-
zone – verbunden mit der dem Sonntag würdigen Eisportion
für die Kinder – empfand ich noch als ganz angenehm. Auch
einem kleinen Ausflug in meinen Lieblingsbuchladen konnte
ich nicht widerstehen. Irgendwie hat es mich zwar auch ein

wenig gestört, dass die meisten Geschäfte offen waren, aber man will ja nicht engstirnig sein. Nicht mehr ganz so angenehm empfand ich dann allerdings die sich organisch daran anschließende Shoppingeinheit in unserem schönen repräsentativen Einkaufszentrum. Hier hatte nun der Alltag den Sonntag endgültig infiziert. Das übliche Geschiebe und Gedränge! Die übliche Genervtheit! Der übliche Konsum! Schon während der Woche beschleicht mich oft ein eigenartiges Gefühl, wenn ich durch die bis zum Letzten mit Waren voll gestopften Reihen eines Einkaufszentrums torkle: Restlos überfordert von der Qual der Wahl, bedrängt von dem durch Lautsprecher ausgeübten Konsumterror möchte ich manchmal am liebsten los schreien – oder es Jesus gleichtun, der bekanntlich auch kräftig randaliert hat, als er mit einer bestimmten Form von Geschäftemacherei konfrontiert wurde. Ich frage mich dann immer: Was ist das für eine Gesellschaft, die ihr Heil nur noch im Konsum sucht? Was hat man von diesem Überangebot, wenn man angesichts der unendlich vielen Geschmacksrichtungen den Geschmack verliert? Es ist eben doch ein einziger Triumph der Lust am Haben. Der Sieg der Quantität über die Qualität. Und das nun eben auch noch am Sonntag! Natürlich: der Sonntag ist schon lange nicht mehr das, was er einmal war, und vielleicht war er auch noch nie wirklich, was er eigentlich sein sollte. Dennoch: Wenn auch noch dieses letzte Bollwerk fällt, dann, so vermute ich, wird bald alles auf dem Altar des Konsums und der Wirtschaft geopfert werden. Für mich jedenfalls war dieser Sonntag der letzte verkaufsoffene Sonntag. An diesem Punkt will ich mir in Zukunft keine faulen Kompromisse mehr durchgehen lassen.

Freilich: Mir ist klar, dass es mit einer Haltung der Verweigerung allein nicht getan ist. Die entscheidende Frage ist, ob wir als Christen eine tragfähige Alternative anzubieten haben. Ich habe in diesem Buch versucht anzudeuten, wie eine solche aussehen könnte, wie ein für uns selbst und unsere Gesellschaft heilsamer Lebensstil beschaffen sein könnte. Ich muss allerdings ohne Wenn und Aber zugeben: Es fällt mir selbst nicht leicht, einen solchen Lebensstil in der konkreten Wirklichkeit meines Lebens umzusetzen. Ich bin Pfarrer. Nicht selten ist für mich der Sonntag dadurch bestimmt, dass ich einen oder mehrere Gottesdienste zu halten habe. Manchmal kommen noch andere Gemeindeaktivitäten hinzu. Ist das nun Arbeit? In gewisser Hinsicht schon. Denn auch, wenn es oft eine schöne Arbeit ist, wenn es mir Freude macht, mit anderen zusammen Gottesdienst zu feiern, es ist für mich als „theologischen Alleinunterhalter" immer auch mit einer gewissen Anstrengung verbunden. Könnte das auch anders sein? Vielleicht dann, wenn der Pfarrer oder die Pfarrerin nicht mehr die „eierlegende Wollmilchsau" wäre, sondern der Gottesdienst von vielen in der Gemeinde mitgetragen und -gestaltet würde. Doch vermutlich ist der Weg zur Realisierung dieses urchristlichen Modells in vielen unserer Gemeinden noch ein langer. Doch wie dem auch sei, im Augenblick ist für mich der Sonntag jedenfalls noch keine reine Erholung. Deshalb versuche ich mir so zu helfen, dass ich den Sonntag bewusst begehe, aber meinen „wirklich freien" Tag auf einen anderen Tag lege, meist auf den Samstag, manchmal auch auf den Montag. Ich empfinde dies nicht als ideal, aber ich sehe vorerst keine andere Option. Dort, wo mir diese Praxis gelingt, lebe ich damit jedenfalls ganz gut. Es kommt nun freilich noch eine zweite Herausforderung dazu, und diese besteht in dem Wunsch, den freien Tag – zumindest in einem gewissen Rahmen – auch mit meiner Familie zu begehen. Nun müssen plötzlich fünf unterschiedliche Lebensprofile miteinander in Einklang gebracht werden. Das gelingt leider nicht immer, und wenn, dann überhaupt nur so, dass meine auch berufstätige Frau und ich sehr konsequent und diszipliniert planen.

Ich breche hier ab. Ich will niemanden mit den doch sehr speziellen Sorgen eines Pfarrers langweilen. Aber ich bin davon überzeugt, dass andere Berufsgruppen im Grunde genommen ähnliche Probleme haben. Ich gestehe es jedenfalls gerne ein: Ich bin mit meiner „Schabbatpraxis" noch lange nicht am Ende. Ich habe in manchen Bereichen Fortschritte gemacht. Ich bin ein wenig konsequenter geworden, aber es gibt immer noch Wochen, wo es mir nicht gelingt, einen „Schabbat" zu haben und mich dann das Leben oft auch mit innerer Lustlosigkeit und Erschöpfung bestraft. Aber immerhin: Ich habe mich auf den Weg gemacht. Meine Hoffnung ist, dass sich immer mehr Menschen auf den Weg machen, und es uns auch politisch gelingt, einer zunehmenden Aushöhlung des Sonntags entgegenzutreten. Es geht nicht nur um einen Tag. Es geht um unser Leben.

Materialteil

Gebete und Liturgien zur Begrüßung und zur Verabschiedung
des Sonntags:

Gebet aus Iona[28]

1. Person: Ich zünde ein Licht an
               Im Namen Gottes.
               Er hat die Welt erschaffen
               und den Atem des Lebens in mich gehaucht.
               (Eine Kerze wird angezündet.)

2. Person: Ich zünde ein Licht an
               Im Namen des Sohnes.
               Er hat die Welt errettet
               und seine Hand nach mir ausgestreckt.
               (Eine Kerze wird angezündet.)

3. Person: Ich zünde ein Licht an
               Im Namen des Geistes.
               Gottes Geist umfasst die Welt
               und segnet mein Leben mit Verlangen.
               (Eine Kerze wird angezündet.)

Alle: Wir zünden drei Lichter an
               Als Zeichen für die Trinität der Liebe:
               Gott über uns
               Gott neben uns
               Gott unter uns:
               Der Anfang, das Ende, die Ewigkeit.

Katholischer Lichtritus – Lucernarium[29]

Lichtruf V: Christus, du bist das wahre Licht!

A: Dank sei Gott!

Entzünden einer Kerze

Hymnus

Angelangt an der Schwelle des Abends
schauen wir Christus, das ewige Licht,
und preisen durch ihn den Vater im Geist.

Du bist der Weg, die Wahrheit, das Leben,
Abbild und Spiegel des ewigen Vaters.
Du bist der Heilige, du unser Herr.

Ja, es ist würdig, dich zu besingen,
Gottes Sohn, Urheber des ewigen Lebens;
Die ganze Schöpfung schuldet dir Lob.

Vinzenz Stebler – Melodie: GL 701 KG 679

Gebet

Wir danken dir, Gott, durch Jesus Christus, deinen
Sohn, unseren Herrn. Durch ihn hast du unser Leben
erhellt und uns dein nie endendes Licht geoffenbart.
Wir haben die Länge des Tages durchmessen und
sind an den Anfang der Nacht gelangt; wir sind satt
geworden vom Licht des Tages, das du zu unserer
Freude erschaffen hast. Durch dein Erbarmen fehlt
uns auch jetzt am Abend nicht das tröstende Licht.
Dafür loben und preisen wir dich durch Jesus Christus,
deinen Sohn, unseren Herrn, der mit dir lebt und
herrscht in Ewigkeit. Amen

Nach: Hippolyt, Traditio apostolica 25

Evangelium Am ersten Tag der Woche gingen die Frauen mit den wohlriechenden Salben, die sie zubereitet hatten, in aller Frühe zum Grab. Da sahen sie, dass der Stein vom Grab weggewälzt war; sie gingen hinein, aber den Leichnam Jesu, des Herrn, fanden sie nicht. Während sie ratlos dastanden, traten zwei Männer in leuchtenden Gewändern zu ihnen. Die Frauen erschraken und blickten zu Boden. Die Männer aber sagten zu ihnen: Was sucht ihr den Lebenden bei den Toten? Er ist nicht hier, sondern er ist auferstanden. Erinnert euch an das, was er euch gesagt hat, als er noch in Galiläa war. Der Menschensohn muss den Sündern ausgeliefert und gekreuzigt werden und am dritten Tag auferstehen.

(Lukas 24,1–7. Alternativ: Mt 28,1–10; Mk 16, 1–8; Joh 20,11–18; Joh 21, 1–14)

A: Der Herr ist auferstanden! *(Osterzeit:* Halleluja!*)*

Dich loben wir.
Dich preisen wir, Herr Jesus Christus,
eins mit dem Vater im Heiligen Geist
jetzt und in Ewigkeit Amen.

Kleine Hausliturgie zum Beginn des Sonntags
(Jesusbruderschaft Gnadenthal)

Gebet zum Anzünden der Kerze

Alle   Im Anfang war das Wort, und das Wort war bei Gott, und das Wort war Gott. Im Anfang war es bei Gott. Alles ist durch das Wort geworden, und ohne das Wort wurde nichts, was geworden ist. In ihm war das Leben, und das Leben war das Licht der Menschen. Das Licht leuchtet in der Finsternis, und die Finsternis hat es nicht erfasst. (Joh. 1,1-5 nach der Einheitsübersetzung)

Eine/r   Himmlischer Vater, zur Ehre deines Sohnes, der das Licht der Welt und der Ursprung des Lebens ist, will ich das Licht zum Tag des Herrn anzünden. An diesem Tag hast du Jesus, deinen Sohn, von den Toten auferweckt und die neue Schöpfung begonnen. Dein Friede und dein himmlischer Segen erfülle unsere Feier seiner Auferstehung. Sei uns gnädig und lass deinen Heiligen Geist in wachsender Fülle unter uns wohnen. Vater der Barmherzigkeit, behalte uns in deiner Liebe. Mache uns würdig, auf dem Weg deines Sohnes zu gehen, treu nach seiner Lehre und beständig in Liebe und Dienst. Halte Ängstlichkeit, Unruhe und Finsternis von uns fern und schenke es, dass Friede, Licht und Freude in unserem Haus wohnen.

Alle   Denn in dir ist die Quelle des Lebens, und in deinem Licht sehen wir das Licht.

Die Kerze wird angezündet und der Lobpreis gesprochen:

Eine/r   Gepriesen bist du Herr, unser Gott, du hast am ersten
Tag das Licht erschaffen, und du hast deinen Sohn, das
Licht der Welt, auferweckt, um eine neue Schöpfung zu
beginnen. Gepriesen bist du, Herr, unser Gott, König
der Welt. Du schenkst uns Freude, das Licht für den
Tag des Herrn anzuzünden.

Alle   Amen

Wechselgebet

Eine/r   Der Herr ist mein Licht und mein Heil. *(Ps. 27,1)*

Alle   Er ist das wahre Licht; das jeden Menschen erleuchtet. *(Joh. 1,9)*

Eine/r   Sein Wort ist meines Fußes Leuchte, und ein Licht auf
meinem Wege. *(Ps. 119,105)*

Alle   Die auf ihn schauen, werden strahlen vor Freude. *(Ps. 34, 6)*

Begrüßung des Sonntags

Eine/r   Liebe Schwestern und Brüder (Liebe Freunde, liebe
Gäste), dies ist der Tag des Herrn.

Alle   Wir heißen ihn in Freude und Frieden willkommen.

Eine/r   Heute lassen wir die Belange der Woche beiseite, um
den Herrn Jesus Christus zu ehren und seine Auferstehung zu feiern. Heute ruhen wir von unserer Arbeit,
um Gott anzubeten und an das ewige Leben zu denken,
zu dem er uns berufen hat.

Alle   Der Herr ist mit uns,
um uns zu erfrischen und zu stärken.

Eine/r   Lasst uns Gott die Ehre geben
und einander lieben um Christi willen.

Alle   Der Heilige Geist sei mit uns. Er vertiefe unsere
Hingabe an Jesus und stärke unseren Eifer für den
Lebensweg, den er uns gewiesen hat.

Friedensgruß

Tischgebet

Der Becher wird erhoben und der Lobpreis gesprochen:

Eine/r Wir wollen Gott preisen mit diesem Zeichen der
Freude und ihm danken für die Segnungen der vergangenen Woche: für Gesundheit, Kraft und Weisheit, für
unser Zuhause, für Liebe und Freundschaft, auch für
die Erziehung durch Anfechtungen und Prüfungen, für
unsere Arbeit und die Freude, die wir in dieser Woche
empfangen haben.

Weitere Dankanliegen können zusammengetragen werden.

Alle Aus seiner Fülle haben wir alle empfangen
Gnade um Gnade.

Eine/r Gepriesen bist du, Herr, unser Gott, König der Welt,
der du die Frucht des Weinstocks geschaffen hast.

Alle Amen

Herumgeben und Trinken aus dem Weinkelch

Heiligung des Sonntags

Eine/r Gepriesen bist du, Herr, unser Gott, für diesen Tag, der
uns an die Erlösungstat deines Sohnes erinnert. Wir
begrüßen den Sonntag mit Freude und weihen ihn der
Feier deiner Auferstehung und der neuen Schöpfung,
die in ihm begonnen hat. Herr, unser Gott, du hast uns
in Jesus Christus zur Ruhe gebracht.

Alle Nun loben wir mit ihm durch den Heiligen Geist und
freuen uns auf den Tag, an dem wir mit ihm in deinem
ewigen Königreich wohnen werden.

Eine/r Gepriesen bist du, Herr, unser Gott, König der Welt,
der du uns mit dem Geschenk des Sonntags erfreust.

Alle Amen

Der Brotteller wird erhoben und der Lobpreis gesprochen:

Eine/r	Aller Augen warten auf dich, Herr,
	dass du gibst ihnen ihre Speise zur rechten Zeit.
Alle	Du tust deine Hand auf und sättigst alles,
	was lebt, nach deinem Wohlgefallen.
Eine/r	Gepriesen bist du Herr, unser Gott, König der Welt, der
	du das Brot aus der Erde hervorbringst.
Alle	Amen

Herumgeben und Essen des Brotes

Abschied vom Sonntag – Begrüßung der Woche

Wir zünden eine Kerze an und sprechen dazu:

Allmächtiger und barmherziger Gott,
du hast Jesus Christus von den Toten auferweckt
und damit die Finsternis überwunden.
Heute, am Tag seiner Auferstehung, durften wir ein wenig von
der Fülle des Lebens schmecken.
So danken wir dir von ganzem Herzen
für die Erfahrung deiner Liebe und Freundlichkeit,
für die Nähe der Menschen,
die unser Leben reich und tief machen,
für die Schönheit der Schöpfung
und die Vielfalt sinnlicher Genüsse.
Dir, dem Geber aller guten Gaben,
sei durch Jesus Christus und im Heiligen Geist
Lob, Preis und Ehre von Ewigkeit zu Ewigkeit.
Amen.

Singen eines Dankliedes: Nun danket alle Gott (EG 1–3)

Lesung der Emmausgeschichte (Lukas 24, 13–35)

Einen Tag lang durften wir die Arbeit beiseite legen,
um wieder einen Blick zu bekommen für Gott und unsere
eigentlichen Lebensziele.
Nun beginnt eine neue Woche. In Dankbarkeit wollen wir nun
wieder an unser Werk gehen.
Gott hat uns den Auftrag gegeben, das Leben und unsere Welt
so zu gestalten, dass darin etwas von seinem Licht und seiner
Liebe aufleuchtet: zu seiner Ehre und unserer Freude.
So wollen wir uns in der Stille auf die kommende Woche ein-
stellen und alles vor Gott bringen, was uns in den Sinn kommt.
Wir denken an das Schöne, auf das wir uns freuen.
Wir denken aber auch an das Schwierige, das uns vielleicht
Sorge macht und wofür wir besonders
Gottes Hilfe erbitten.
(Dies kann auch in Form einer Gebetsgemeinschaft stattfinden)

Stille

Gott, du hast unsere Bitten und Anliegen gehört.
Wir vertrauen darauf, dass du uns freundlich antwortest, dass
du uns segnen und begleiten wirst.
Lass uns mitten im Alltag
etwas von deiner Wirklichkeit erfahren.
Amen

*Zum Abschluss kann noch ein Lied gesungen werden: Meine Hoffnung
und meine Freude (EG 697), Vertraut den neuen Wegen (EG 395).
Mein schönste Zier und Kleinod bist (EG 473)*

Löschen der Kerze

Anmerkungen

1   de Saint-Exupéry, A., Der kleine Prinz, Düsseldorf 1979, S. 53f.
2   Gronemeyer, M., Das Leben als letzte Gelegenheit. Sicherheits-
    bedürfnisse und Zeitknappheit, Darmstadt 1993.
3   Dazu s. Blumenberg, Hans, Lebenszeit und Weltzeit, Frankfurt
    ³1986.
4   Aus: Böll, H., Es wird etwas geschehen (1956), in: Balzer, B. (Hrsg.),
    Heinrich Böll, Werke (Romane und Erzählungen 2, 1953–1959), Köln
    1987, S. 776–781, S. 777.
5   Midrasch zu Megilla 9a; zitiert aus: Heschel, A., Der Schabbat,
    Neukirchen 1990, S. 21.
6   Heschel, A., Der Schabbat, S. 22.
7   Heschel, A., Der Schabbat, S. 19.
8   Auerbach, B, Poet and Merchant, 1877, S. 27, zit. nach Heschel, Der
    Schabbat, S. 20.
9   Heschel, J.A., Der Schabbat, S. 11.
10 Heschel, J.A., Der Schabbat, S. 18.
11 Wouk, H., Das ist mein Gott, S. 59.
12 Philo, De specialibus Legibus II, 60 (Loeb Klassiker, Philo, VII).
13 Luther, M., Großer Katechismus, aus: Luther Deutsch. Der neue
    Glaube, Bd. III, Stuttgart ⁴1983, S. 35f.
14 Im Zusammenhang mit der Betonung der Wichtigkeit, am Sonntag
    Gottes Wort zu hören, versteht Luther den Sonntag übrigens durch-
    aus als Einübung, auch wenn das Wort selbst nicht fällt. So wird
    im Gr. Kat. LD 37 die Notwendigkeit, am Sonntag die Predigt zu
    hören, unter anderem folgendermaßen begründet: „Denn das lasse

dir gesagt sein: ob du es gleich aufs beste könntest und aller Dinge
Meister wärest, so bist du doch täglich unter des Teufels Reich, der
weder Tag noch Nacht Dich zu beschleichen ruhet, daß er in deinem
Herzen Unglauben und böse Gedanken wider die vorhergehenden
und alle Gebote anzünde. Darum mußt du immerdar Gottes Wort
im Herzen, Mund und vor den Ohren haben." Dies zeigt, dass er
den hier geäußerten Gedanken nicht fern steht. Das Problem ist
nur, dass in seinen Ausführungen manches durcheinander geht, und
man nicht immer den Eindruck hat, dass die ganze Problematik
gründlich genug reflektiert ist.

15 „‚Gedenke und halte': Gedenke seiner (des Schabbats) vorher und
halte ihn (bis) hinterher. Von daher hat man gesagt: Man fügt vom
Profanen zum Heiligen hinzu. Ein Gleichnis: Gleich einem Wolf, der
von vorn und hinten herandrängt. Elasar ben Chananja ben Chiskija
ben Chananja ben Garon sagt: ‚Gedenke des Sabattages, ihn zu
heiligen' – gedenke seiner vom ersten Tag der Woche an, so daß du,
wenn dir etwas Schönes zufällt, es auf den Schabbat hin zubereitest.
Rabbi Jizchak sagt: Zähle nicht, wie die andern zählen, sondern
zähle auf den Schabbat hin." Mechilta Par. Jithro 8 zu Ex. 20,16/Ho-
rovitz-Rabin, S. 233, zitiert nach: Osten-Sacken, P. v., Katechismus
und Siddur, Aufbrüche mit Martin Luther und den Lehrern Israels,
Berlin ²1984.

16 So z. B. in Steffensky, F., Der alltägliche Charme des Glaubens.
Würzburg 2002, S. 55.

17 Die messianische Sicht des Schabbat hat es schon in frühjüdischer
Zeit gegeben. Bereits damals konnte man die kommende Welt als
Welt verstehen, „die ganz Schabbat ist". Dazu Hofius, O., Katapausis.
Die Vorstellung vom endzeitlichen Ruheort im Hebräerbrief. WUNT
11,Tübingen 1970, S. 111f.

18 Ganz in diesem Sinn deutet übrigens auch Lukas das Wirken Jesu.
In seiner Antrittspredigt in Nazareth lässt er Jesus bezogen auf
Jesaja 61,1f sagen: „Der Geist Gottes des Herrn ist auf mir, weil
der Herr mich gesalbt hat. Er hat mich gesandt, den Elenden gute
Botschaft zu bringen, die zerbrochenen Herzen zu verbinden, zu
verkündigen den Gefangenen die Freiheit, den Gebundenen, dass
sie frei und ledig sein sollen; zu verkündigen ein gnädiges Jahr
des Herrn ..." (Lukas 4, 18ff) Mit dem gnädigen Jahr des Herrn

ist das Jubeljahr gemeint. Alle sieben Jahre soll nach der Tora das Schabbatjahr gehalten werden, ein Jahr, in dem das sonst landwirtschaftlich genutzte Land ruhen darf und alle menschlichen Schuldverhältnisse aufgehoben werden. Alle sieben Schabbatjahre wird das Jubeljahr gefeiert, in dem sich die Impulse des Schabbatjahres noch einmal verdichten. Dieses Jubeljahr wird nun bereits in dem zitierten Jesajatext als Symbol für die kommende Heilszeit verstanden. Wenn nun Lukas mit diesen Sätzen einerseits Jesu Wirken beschreibt, besonders seine Heilungen und Exorzismen, er andererseits aber über den Jesajatext einen Bezug zur Schabbatthematik herstellt, dann können die Worte Jesu („heute ist dieses Wort erfüllt") tatsächlich nichts anderes bedeuten, als dass der messianische Schabbat bereits angebrochen ist.

19 Ignatius, Brief an die Magnesier, 9.

20 Buber, M., Ich und Du, S. 80, zit. nach Buber, M., Das dialogische Prinzip, Heidelberg ⁴1979.

21 Gibran, Khalil, Der Prophet (Übersetzung von Georg-Eduard Freiherr von Stietencron, 1925), aus: Das große Khalil Gibran Lesebuch, hrsg. v. Michael Görden, Berlin 2004, S. 349f.

22 Romano Guardini, zit. nach Schmeisser, M. (Hrsg.), Gesegneter Tag. Ein spiritueller Begleiter, Verlag am Eschbach, 1996, S. 97f.

23 Grün, A., Der Umgang mit dem Bösen, Münsterschwarzacher Kleinschriften 1979, Bd. 6, S. 38.

24 Ulrich Wilckens, zit. nach Schmeisser, Gesegneter Tag, S. 97f.

25 Zit. nach http://www.jungekirche.de/404/segbers.html

26 Zit. nach http://www.jungekirche.de/404/segbers.html

27 Wolfgang Dietrich, Charta einer Schabbatkultur 123, in: Schmeisser, Gesegneter Tag, S. 119–123.

28 Zit. nach Schmeisser, Gesegneter Tag, S. 79.

29 Aus: Te Deum. Das Stundengebet im Alltag, hrsg. v. Benediktinerabtei Maria Laach, Verlag Katholisches Bibelwerk, April 2009, S. 50–52.

Texte und Quellen:

Seite 117: Martin Gutl, Zeit für das Beten
aus: Gesegneter Tag, hrsg. von Martin Schmeisser, Verlag am
Eschbach 1996, S.72. © Karl Mittlinger, A–8042 Graz.

Seite 119: Wilhelm Bruners, Rat
aus: Großer Gott klein, hrsg. v. Berg,O., Bruners, W., Villiger, T.,
Düsseldorf 1993, S. 110. © Wilhelm Bruners

Seite 121: Martin Gutl, Aus Hoffnung schlafen
aus: ders., Der tanzende Hiob, Graz – Wien – Köln ⁶1992.
c Karl Mittlinger, A-8042 Graz.

Seite 135: Gebet aus Iona
Aus: © Das Kleine Gottesdienstbuch. Liturgien der Iona-
Kommunität in Schottland, hrsg. von der Beratungsstelle für
Gestaltung von Gottesdiensten und anderen Gemeindever-
anstaltungen, Frankfurt ³1997.

Seite 136–137: Katholischer Lichtritus – Lucernarium
aus: Te Deum. Das Stundengebet im Alltag,hrsg. von Benediktinerabtei Maria Laach, Verlag Katholisches Bibelwerk, April
2009, S. 50–52.

Literatur in Auswahl

Gronemeyer, M., Das Leben als letzte Gelegenheit. Sicherheits-
bedürfnisse und Zeitknappheit, Darmstadt 1993.

Heschel, A., Der Schabbat, Neukirchen-Vluyn 1990.

Hirschberg, Peter, Jesus von Nazareth. Eine historische
Spurensuche, Darmstadt 2004.

Hirschberg, Peter, Die bleibende Provokation. Christliche
Theologie im Angesicht Israels, Neukirchen-Vluyn 2008.

Lau, Israel M., Wie Juden leben. Glaube, Alltag, Feste, Güters-
loh ²1990.

Osten-Sacken, P. v., Katechismus und Siddur. Aufbrüche mit
Martin Luther und den Lehrern Israels, Berlin ²1984.

Schmeisser, M., Gesegneter Tag. Ein spiritueller Ratgeber, Verlag am Eschbach 1996.